LES PAGES DOULOUREUSES

DE

LA GUERRE

L'HOPITAL-HOSPICE DE NIORT

EN 1870-1871.

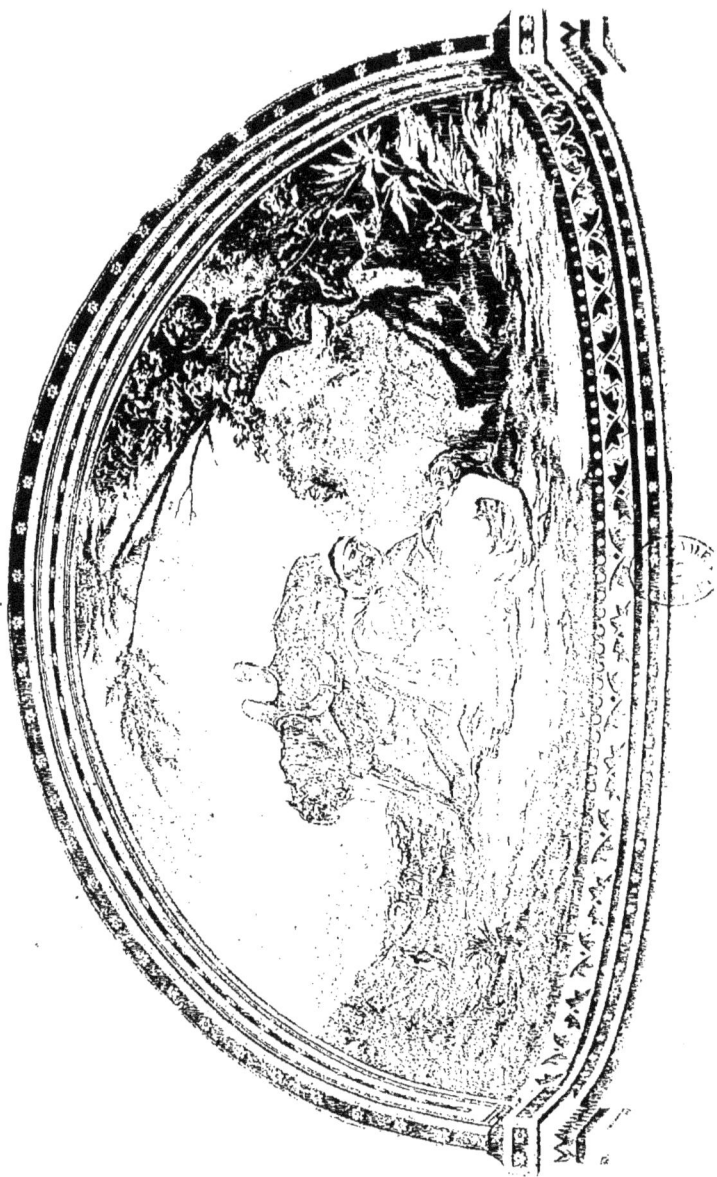

LES PAGES DOULOUREUSES

DE

LA GUERRE

L'HOPITAL-HOSPICE DE NIORT

EN 1870-1871

PAR

Prosper CASIMIR

JUGE AU TRIBUNAL CIVIL,

MEMBRE DE LA COMMISSION ADMINISTRATIVE DE L'HOPITAL-HOSPICE DE NIORT,

PRÉSIDENT DE LA SOCIÉTÉ DE SECOURS MUTUELS DES INSTITUTEURS DES DEUX-SÈVRES.

NIORT

TYPOGRAPHIE DE L. FAVRE

1872

LES PAGES DOULOUREUSES

DE LA GUERRE.

—➤✕◀—

L'HOPITAL-HOSPICE DE NIORT

EN 1870-1871.

———

SOMMAIRE DE L'INTRODUCTION.

Guerre entre la France et la Prusse. — Agglomération de troupes à Niort. — Maladies épidémiques. — Quartier militaire de l'hôpital. — Demande de blessés à l'administration de la guerre. — Niort prend une large part à l'œuvre de charité patriotique. — But de ces souvenirs.

——

SOMMAIRE DE LA 1re PARTIE.

LES DERNIERS MOIS DE 1870.

SEPTEMBRE. — 1er convoi de 46 blessés de l'armée du Rhin. — Empressement des autorités et de la population à les recevoir. — Sedan. — La République. — Préparatifs guerriers. — Arrivée à Niort des 7e et 10e régiments de cuirassiers et du 1er régiment du train d'artillerie. — Campement près de la fontaine du Vivier. — Départ des mobiles des Deux-Sèvres. — Arrivée des mobiles de la Corrèze. — Une épidémie de variole se déclare.

OCTOBRE. — Toutes les salles des malades civils , section des hommes , sont envahies par le service militaire. — 330 lits sont occupés. — Dispositions et changements intérieurs. — Achat considérable d'objets de literie et de vêture. — Demande d'une subvention de l'Etat ou du département. — Le 34e régiment de mobiles à l'armée des Vosges. — Mort du jeune aide-major Ernest Moreau , de Châtillon-sur-Sèvre. — Les blessés du combat de la Bourgonce. — Nombreuses vaccinations à l'hôpital et à la mairie de Niort.

NOVEMBRE. — Les maladies épidémiques (variole , dyssenterie , fièvre typhoïde) continuent à sévir. — Evacuation de blessés de l'armée de la Loire. — Victoire de Coulmiers, délivrance d'Orléans. — L'intendance réclame de nouvelles places dans les hospices civils et dans les ambulances particulières. — Impossibilité d'étendre le quartier militaire sans déloger la section des femmes. — Bataille de Beaune-la-Rolande, glorieuse et meurtrière pour les mobiles des Deux-Sèvres. — L'horizon s'assombrit de nouveau.

DÉCEMBRE. — L'invasion prussienne est de plus en plus menaçante. — Embarras et énorme découvert de l'hôpital. — Retards occasionnés par les circonstances, dans les paiements de la guerre et des départements. — 5 décembre, traité de l'hôpital avec l'administration de la guerre , pour un nombre minimum de 500 malades et blessés militaires. — Dispositions et changements intérieurs exécutés immédiatement. — Le vaste bâtiment affecté au service des femmes devient l'ambulance Sainte-Anne. — Location d'une maison en face de l'hospice. — Les jeunes filles et le trop-plein du nouveau service des femmes s'y retirent, chaque soir, sous la garde de plusieurs sœurs. — Proclamation du maire aux habitants. — Niort renouvelle les prodiges de charité accomplis en 1683 pour meubler l'hôpital. — La commission complète par des achats l'installation de la nouvelle ambulance. — Les évacuations sur l'ouest et le midi augmentent, par suite du mouvement de l'ennemi sur Blois, Tours et Vendôme. — Evacuations sur Niort. — Arrêtés du ministre de la guerre, des 20, 25 et 26 décembre. — Création de six dépôts de convalescents, d'ambulances provisoires, dans 28 gares de chemins de fer, et d'une sous-direction spéciale au ministère de la guerre, pour tous les services médicaux de l'armée. — Triste fin de l'année 1870.

SOMMAIRE DE LA 2ᵉ PARTIE.

1871.

JANVIER. — Convois fréquents et nombreux d'évacués. — Froid rigoureux. — Plusieurs soldats meurent à leur arrivée. — Veilles et fatigues des médecins et des sœurs de l'hôpital. — Lettre adressée, le 11 janvier, par la commission administrative, à l'intendance. — L'ambulance provisoire, établie à la gare par les membres de la société de secours aux blessés, procure un grand soulagement au service hospitalier. — L'armée de la Loire augmente le contingent des varioleux de l'hôpital. — Les salles en contiennent jusqu'à 140. — Offre généreuse des sœurs de l'Immaculée Conception et de M. le Curé de la paroisse de Saint-André de Niort, supérieur de cette congrégation. — Création d'une succursale de l'hôpital *aux Fontenelles*, pour le service des varioleux. — M. le docteur de Meschinet est placé à la tête de cette ambulance; il est suppléé provisoirement à l'hôpital par M. le docteur Chebrou. — Le 22 janvier, l'ambulance des Fontenelles commence à fonctionner. — La population s'effraie de la mortalité croissante dans la ville de Niort. — Dénouement fatal de la guerre.

FÉVRIER. — L'hôpital est toujours rempli de malades et de blessés. — Il reçoit encore, dans le cours du mois, 84 évacués. — La succursale des Fontenelles contient 90 varioleux. — Utilité du séchoir à air chaud, pour satisfaire aux besoins, en linge, de l'établissement principal et de sa succursale, pendant ces mois d'encombrement et de saison pluvieuse.

MARS. — Convoi de 43 malades, venant des hôpitaux militaires de Paris. — Grande diminution du personnel militaire de l'établissement. — Les prisonniers Prussiens, amenés au mois de décembre, sortent de l'hôpital. — Ils témoignent leur reconnaissance. — L'espion prussien ou le zouave inconnu. — Relation anglaise sur la conduite des Prussiens à l'égard des blessés français tombés en leur pouvoir. — L'administration de la guerre dénonce à la commission hospitalière l'expiration du traité du 5 décembre 1870, pour le 31 mars 1871.

AVRIL. — Un membre de la société anglaise de secours aux blessés (sir Harvey, capitaine de l'artillerie royale des highlanders) visite l'hôpital de Niort. — Dons faits par cette société à l'hôpital. — L'ambulance Sainte-Anne devient inutile. — Réparations, assainissement et réinstallation des services hospitaliers. — Les femmes reprennent possession de leurs salles, dès le 11 avril. — Le service des Fontenelles est clos le 30 avril. — 191 malades y ont été traités. — Remerciements adressés par la commission administrative à M. le docteur de Meschinet, à Mme la supérieure de l'Immaculée Conception, à M. le curé de Saint-André, supérieur, et à M. l'abbé Bontemps, aumônier de cette congrégation religieuse. — Travaux de déménagement et de réparations aux Fontenelles. — Le nombre des militaires de l'hôpital est réduit à 270.

MAI. — JUIN. — JUILLET. — AOUT et SEPTEMBRE. — Nouveaux malheurs. — L'armée française assiége Paris, insurgé contre le gouvernement national. — Du 14 avril au 26 septembre, évacuation de 227 malades et blessés, des hôpitaux de Saint-Cyr et de Versailles. — La réintégration des anciens services civils de l'hôpital continue à s'opérer. — Résultats généraux. — Chiffre total des soldats reçus à l'hôpital-hospice de Niort. — Total des décès. — Excellentes conditions de salubrité de l'établissement. — Les épidémies y ont eu peu de développement. — Presque tous les cas sont venus du dehors. — Causes principales de la mortalité qui a frappé partout les malades et les blessés de la campagne de 1870-1871. — Rapport remarquable, sur ce sujet, par M. le docteur Lavéran, médecin en chef de l'armée du Nord. — Résultat financier; déficit probable.

OCTOBRE. — NOVEMBRE et DÉCEMBRE. — Réparations et améliorations importantes. — La pharmacie. — Les galeries de la salle Sainte-Marguerite. — 25 novembre, Remise solennelle, par M. Alphonse Frappier, de la décoration de la Légion-d'Honneur décernée à M. Gauné, médecin en chef de l'hôpital. En 1869, pareille cérémonie avait eu lieu pour la décoration de M. Fontant, chirurgien en chef. — Hommage de reconnaissance à tous ceux qui se sont dévoués à l'œuvre de charité chrétienne et patriotique, accomplie en 1870-1871 à l'hôpital-hospice de Niort, et aux généreux efforts de la charité privée.

—

NOTES ET PIÈCES.

INTRODUCTION

La guerre qui a éclaté, au mois de juillet 1870, entre la France et la Prusse, a fait ressentir ses tristes effets jusque dans les établissements hospitaliers éloignés des malheureuses provinces qui lui ont servi de théâtre.

Indépendamment des troupes régulières, en garnison ou de passage dans les départements non envahis, les corps de l'armée auxiliaire en formation lors du désastre de Sedan, les régiments désorganisés par les combats successifs qu'ils avaient soutenus, enfin, les évacuations de malades et de blessés des armées en campagne ont amené dans les chefs-lieux de ces départements une agglomération dangereuse non-seulement pour la santé des soldats, mais aussi pour celle des habitants.

Les maladies épidémiques, sinistre cortége du fléau de la guerre, ont, plus encore que les luttes du champ de bataille, encombré les ambulances et les hôpitaux.

Heureuses encore les provinces qui, comme le Poitou, n'ont eu à supporter que le contre-coup de l'invasion ; elles ont payé leur dette à la Patrie, en contribuant à sa défense et en donnant asile aux débris souffrants de nos armées; mais elles n'ont point été en proie aux ravages de l'ennemi et à l'occupation odieuse qui, malgré la paix, pèse encore sur une partie de la France.

Niort a eu sa large part dans l'accomplissement de ce devoir d'humanité et de dévouement au pays. Son important établissement hospitalier, admirablement desservi par 44 sœurs Grises ou filles de la Sagesse, dont la congrégation, connue et bénie de tous, a son berceau dans nos contrées, devait d'autant plus attirer l'attention de l'administration de la guerre que l'un des quartiers de cet hôpital est, depuis longtemps, spécialement consacré aux malades et aux blessés militaires (1).

La population militaire varie, en temps ordinaire, de 30 à 50 malades; mais les salles du quartier qui leur est affecté peuvent en contenir un bien plus grand nombre, et l'hôpital tient à la disposition de la guerre un total de 120 places, dont la majeure partie n'est presque jamais occupée, par suite de l'extension donnée, dans ces derniers temps, aux infirmeries régimentaires.

Au milieu des douloureuses épreuves que subissait la France, la commission administrative de l'hôpital-hospice de Niort prit l'initiative de demander à l'intendance générale, un envoi de blessés des ambulances ou des hôpitaux déjà encombrés. Cette première évacuation sur Niort ne tarda pas à s'opérer, et bientôt d'autres convois, preuves désolantes de nos revers, ne lui succédèrent, hélas ! que trop rapidement.

Je me propose de donner un aperçu du mouvement que les événements de 1870-1871 ont amené à l'hôpital de Niort

et des dispositions importantes auxquelles il a donné lieu.
Ces quelques pages, ajoutées à l'histoire si intéressante de
cet établissement (2), offriront peut-être d'utiles renseignements pour l'avenir. Une raison surtout me détermine à les
écrire, plutôt pour l'établissement lui-même que pour le
public : elles conserveront le souvenir des derniers actes
d'un régime administratif qui a rendu de grands et incon-
testables services, qui a parfaitement fonctionné dans toute
la France, et dont l'existence est menacée par un projet de
loi soumis depuis plusieurs mois aux délibérations de
l'Assemblée nationale.

Le lecteur trouvera, dans les notes et pièces qui seront impri-
mées à la fin de ce volume, les observations succinctes des
administrateurs de l'hôpital de Niort sur ce projet de loi,
qui leur a été communiqué par l'un des membres de la
députation des Deux-Sèvres (3).

Dieu veuille que la politique ne se mêle pas à un sujet
auquel elle est restée jusqu'à ce jour complètement étrangère,
et qu'elle n'y apporte pas le chaos au lieu de l'ordre et de la
lumière ; le changement n'est pas toujours le progrès. Je ne
me permets d'exprimer qu'un seul vœu, qui est en même
temps un regret :

« . . . . faciant meliora potentes. »

Niort, le 2 janvier 1872.

Prosper CASIMIR.

PREMIÈRE PARTIE

———

DERNIERS MOIS DE 1870

SEPTEMBRE.

Au moment où je commence ce *mémorial* des mauvais jours, les péripéties qui se sont déroulées pendant les derniers mois de 1870, m'apparaissent comme un rêve, bien que j'en aie vu et touché de près la réalité dans tout ce qu'elle a de plus navrant : les souffrances et la mort de de nos soldats.

Nous sommes aux premiers jours de septembre ; la catastrophe de Sedan, le renversement de l'empire et la proclamation de la république, à Paris, viennent de s'accomplir avec une effrayante rapidité.

C'est au milieu de ces coups de foudre, qu'arrive à Niort un premier convoi de 46 blessés de l'armée du Rhin, évacués des hôpitaux d'Abbeville et de Saint-Omer. Les principales autorités de Niort, les administrateurs et les médecins de l'hôpital-hospice attendent à la gare du chemin de fer d'Orléans le train annoncé pour 8 heures du soir. Les habitants eux-mêmes se sont portés en foule au-devant de ces blessés, et les accueillent avec de vives sympathies ; l'omnibus de l'hôpital et de nombreuses voitures particulières, offertes généreusement pour ce service, transportent nos malheureux soldats à l'établissement, où ils reçoivent les soins les plus empressés.

Le 8, le 14 et le 22 septembre, des régiments envoyés à Niort pour se reformer, fournissent à l'hôpital un nouveau contingent de malades et de blessés. Ce sont le 3e régiment de chasseurs, le 7e et le 10e cuirassiers, et le 1er régiment du train d'artillerie. On est obligé de loger partout ces troupes qui viennent s'ajouter aux mobiles du département. Bientôt il n'y a plus de places chez les habitants. Le quartier de cavalerie, la nouvelle caserne de gendarmerie, encore inachevée, et le lycée, reçoivent cette affluence de soldats. Le 1er régiment du train d'artillerie établit un campement provisoire aux portes de Niort, près de la fontaine du Vivier. Là, hommes et chevaux bivaquent sur un terrain humide et malsain, qui a contribué peut-être au développement des fièvres et de la dyssenterie dont ce régiment a été atteint.

Pendant ce temps, les mobiles des Deux-Sèvres et une compagnie de francs-tireurs, formée par M. Poinsignon, s'exercent chaque jour, sur la place de la Brèche, au maniement des armes et aux manœuvres militaires; la garde nationale s'organise aussi de son côté; toute la ville retentit de bruits et d'apprêts guerriers : on se prépare à la guerre à outrance, ou plutôt à soutenir avec honneur une lutte désespérée.

Le 23 septembre, nos jeunes mobiles, laissant quelques malades derrière eux, partent pour Vierzon et vont se joindre à l'armée des Vosges, commandée par le général Cambriels. Ils nous quittent pleins d'enthousiasme et d'illusions, et font entendre des chants patriotiques jusque dans les wagons.

Pauvres enfants, eux à peine armés et équipés, ils vont se trouver en présence de troupes expérimentées et déjà victorieuses. Qu'importe! le 34e régiment de mobiles fera bravement son devoir. C'est un hommage à lui rendre, aujourd'hui, que, partout où ses soldats ont été appelés, dans les Vosges, à Beaune-la-Rolande, dans l'armée de l'Est comme dans celles de la Loire, ils ont combattu avec honneur et parfois avec succès contre les troupes allemandes les plus aguerries.

Après chaque bataille, nous en verrons revenir un certain nombre, plus ou moins grièvement blessés, chercher dans leurs familles, ou à l'hôpital de Niort, les soins que réclame leur état et qu'ils trouvent plus doux de recevoir dans le pays natal.

Dès le lendemain du départ des mobiles des Deux-

Sèvres, les mobiles de la Corrèze viennent prendre leur place au milieu de nous.

Niort est une ville d'industrie, de commerce et de ressources. Elle a équipé les mobiles des Deux-Sèvres, elle va maintenant vêtir ceux d'un autre département. Les fournisseurs y trouveront leur compte, les ouvriers auront du travail ; mais avec la charge du logement militaire, que chacun accepte volontiers en ce moment, la ville aura bientôt à supporter une terrible épreuve, celle de l'épidémie variolique, importée et développée dans son sein par les troupes qui y ont été concentrées.

Les mobiles de la Corrèze venaient d'une contrée où la variole sévissait encore ; beaucoup d'entre eux portaient sur le visage les traces de cette affreuse maladie. A peine arrivés à Niort, ils remplissent les salles de l'hôpital, et les cas de variole se multiplient rapidement dans la garnison et chez les habitants. Septembre se termine sous cette influence pernicieuse et inquiétante.

OCTOBRE.

Un mois a suffi pour que le nombre des soldats malades et blessés de l'hôpital se soit déjà élevé à 326 ; pour donner une telle extension au quartier militaire, il a fallu envahir toutes les salles des malades civils (section des hommes). Cette section a été transférée dans celle des enfants assistés. Les jeunes garçons, dont le nombre se trouve considérablement réduit (par suite de l'excellente mesure adoptée depuis quelques années, de les placer autant que possible à l'extérieur dans les fermes ou dans les ateliers), ont pu être logés facilement dans leur infirmerie et dans une salle voisine précédemment occupée par des sœurs. A part ce petit service distinct, qui leur est réservé, le vaste bâtiment désigné sous le nom de St-Stanislas, est devenu le quartier des hommes (vieillards, malades et blessés civils.) Une salle isolée, derrière l'hydrothérapie, est destinée aux varioleux.

Tous les bâtiments entourant la cour des cloîtres, qui formaient, avant 93, le couvent des Hospitalières, sont donc maintenant convertis en hôpital militaire. L'aile du midi et celle de l'ouest sont consacrées aux maladies épidémiques et transmissibles (variole, dyssenterie, fièvre typhoïde); celle du nord est occupée par les malades ordinaires et les blessés.

Les énormes dépenses auxquelles l'hôpital a été ainsi entraîné obligent la commission à prendre, le 4 octobre, une délibération par laquelle elle sollicite un secours de 15,000 fr., à prélever sur les fonds dont M. le Préfet pourra disposer et sur ceux qu'il pourra obtenir de l'Etat, soit du département, soit des comités de secours pour les malades et les blessés militaires.

Il y eut nécessairement un temps d'arrêt dans les évacuations sur l'hôpital de Niort. Toutes les salles y étaient toujours au complet; les vides que faisaient journellement les guérisons, les congés de convalescence et les décès, étaient presqu'aussitôt comblés par les entrées.

A partir du 6 octobre, des mobiles des Deux-Sèvres, blessés le 6, au combat de la Bourgonce, près de la petite ville de Bruyères, dans les Vosges, arrivèrent à Niort. Comme on le voit, nos mobiles n'avaient pas tardé à entrer en ligne contre l'ennemi. Ils avaient été fortement éprouvés par un combat meurtrier, par le froid, les fatigues et les privations de toutes sortes. Quelques-uns des enfants des Deux-Sèvres avaient succombé en combattant; d'autres avaient été faits prisonniers, d'autres enfin étaient atteints de blessures dangereuses.

Au nombre des morts se trouvait un jeune chirurgien plein d'avenir, que nous avions vu souvent, pendant le mois de septembre, accompagner les médecins de l'hôpital dans leurs visites. M. Ernest Moreau, de Châtillon-sur-Sèvre, était aide-major dans le 34ᵉ régiment de mobiles; il avait 23 ans. A la Bourgonce, il prodiguait ses soins aux blessés jusque sous le feu de l'ennemi, lorsqu'il tomba mortellement frappé. Noble dévouement, plus généreux encore que celui du soldat qui meurt les armes à la main !

Parmi les blessés nous nous rappelons particulièrement un mobile des environs de Chef-Boutonne, qui avait eu le bras droit profondément sillonné et une partie des deux oreilles emportée par des balles. (C'était bien là le baptême du feu.) Ce brave garçon était le premier à rire de l'étrange physionomie que lui donnait la mutilation de ses oreilles. « Je suis jeune, — disait-il à ses camarades, — j'espère bien qu'elles repousseront. »

Les visiteurs affluaient tous les jours à l'hôpital, demandant des nouvelles de la guerre, de leurs parents,

de leurs amis présents sous les drapeaux, et ils recueil-
laient avec le plus vif intérêt, les détails de cette désastreuse campagne, dont nous ne pouvons indiquer ici que
les phases principales.

Au milieu de ces tristes préoccupations, la variole
étendait ses ravages ; la revaccination était le seul moyen
de les conjurer. Le vaccin humain manquant, on eut
recours au vaccin animal. Dès les premiers jours d'octobre, plusieurs génisses des étables de l'hospice furent
vaccinées, et, le 17, on put commencer à opérer en
grand, non-seulement sur le personnel de l'hospice, mais
encore sur les habitants de Niort et des environs qui se
présentèrent à la ferme de l'établissement. Bientôt, même,
on envoya des génisses à la mairie, deux fois par semaine.
Du 17 octobre 1870 au 8 janvier 1871, 24 génisses ont
successivement servi à l'inoculation.

Nous ne pouvons indiquer que largement le nombre de
personnes qui ont été vaccinées ou plutôt revaccinées à
Niort ; mais, en supposant que ce nombre soit de trois
mille, c'est peu relativement au chiffre de la population,
et la contagion a pu continuer à se répandre dans la
ville et dans la garnison.

En octobre, la population militaire de l'hôpital se
maintint au chiffre de 326 malades et blessés. On ajouta
encore quelques lits qui donnèrent un maximum de 330
lits pour toutes les salles de ce service.

NOVEMBRE.

Ce mois ne fut signalé par aucun arrivage important. Cependant l'hôpital reçut, les 16 et 21 novembre, vingt blessés des gardes mobiles des Deux-Sèvres, revenant de l'armée de la Loire, et, à la date des 14 et 23, vingt-six blessés de divers régiments (infanterie, chasseurs à pied, artillerie, hussards, turcos, régiments étrangers).

L'horizon avait semblé un instant s'éclaircir pour notre malheureux pays. La victoire de Coulmiers et la délivrance d'Orléans, qui en fut le prix, avaient fait renaître l'espoir dans tous les cœurs ; mais déjà, malgré ces succès partiels, les conséquences de la capitulation de Metz, en permettant au prince Frédéric-Charles de diriger ses forces sur la Loire, changeaient de nouveau, à la fin de novembre, la perspective des événements.

Le 28, eut lieu le combat de Beaune-la-Rolande, où les mobiles des Deux-Sèvres se distinguèrent par leur courage et leur intrépidité. Ils faisaient partie du 20e corps d'armée, commandé par le général Crouzat.

Une divergence d'appréciation s'est produite entre le général d'Aurelle de Paladines et M. de Freycinet, délégué du ministre de la guerre, sur l'importance et le résultat du combat de Beaune-la-Rolande. M. de Freycinet le considère comme une victoire, qui a momentanément arrêté et détourné la marche de l'ennemi. Le général d'Aurelle a écrit, au contraire, à la page 244 de son ouvrage sur la 1re armée de la Loire : « Cette prétendue diversion « ne produisit aucun effet. Le duc de Mecklembourg n'en « continua pas moins à dévaster les lieux où il se trouvait « alors, sans paraître s'inquiéter beaucoup de ce qui se « passait autour de Montargis et de Beaune-la-Rolande. »

2

L'un et l'autre, cependant, rendent justice au courage et à l'intrépidité déployés par les soldats des 18e et 20e corps d'armée dans cette affaire sérieuse et meurtrière. Les mobiles des Deux-Sèvres, du Haut-Rhin, de la Savoie, le 3e régiment de zouaves, qui a eu, à lui seul, 17 officiers tués ou blessés, y ont versé généreusement leur sang et ont partagé le poids de cette glorieuse journée. Pourquoi le 20e corps n'a-t-il pas été compris dans le décret qui a mis à l'ordre du jour de l'armée, comme ayant bien mérité de la patrie, le 18e corps, placé sous les ordres du général Billot ?

Le général d'Aurelle en donne (page 243) l'explication suivante :

« Nous devons faire une remarque sur l'article 2 de ce
« décret.

« M. le général Billot n'y a d'autre qualification que
« celle de chef d'état-major. Il n'était donc pas considéré
« comme le chef du corps d'armée. Qui donc le comman-
« dait ? La réponse est facile : M. de Freycinet, sans
« courir aucun danger, s'arrogeait les honneurs de ce
« commandement, exercé en réalité par le général
« Billot, qui en avait, lui, les périls et la responsabilité. »

Quelle que soit la cause de l'oubli du 20e corps dans ce décret exceptionnel, l'impartialité nous faisait un devoir de relever cet oubli, pour l'honneur des enfants des Deux-Sèvres et de leurs compagnons d'armes. Ils étaient au nombre de ces vaillantes troupes, dont le général en chef de l'armée de la Loire a dit : « Nos jeunes mobiles
« firent preuve d'un courage d'autant plus méritoire,
« qu'ils avaient eu à supporter de grandes souffrances,
« produites par leur misère et leur dénûment, » et aux-quelles le *Moniteur universel* du 1er décembre 1870 a adressé ces félicitations :

« La France apprendra, avec autant d'orgueil que de
« satisfaction, que ce succès a été remporté par de jeunes
« conscrits qui voyaient le feu pour la première fois, et

« qui avaient à combattre les plus vieilles troupes de
« Prusse, commandées par le prince Frédéric-Charles en
« personne. »

Les évacuations de décembre feront connaître combien
ce combat et ceux qui suivirent furent meurtriers pour
nos soldats.

A ce moment, l'administration de la guerre réclamait
d'une manière pressante, par ses circulaires et l'initiative
des préfets et des intendants, de nouvelles places dans les
hospices civils et dans les ambulances ouvertes par les
sociétés de secours et par les particuliers.

Par lettres des 21 et 26 novembre, les administrateurs
de l'hôpital de Niort avaient fait connaître à l'intendance
qu'ils ne pouvaient offrir plus de 330 lits sans un délo-
gement presque complet de la section des femmes, des
changements difficiles et des grands frais d'installation.
Cette grave question resta donc pendant quelques jours
à l'étude.

DÉCEMBRE.

En présence de la lutte suprême qui s'engageait contre l'invasion ennemie de plus en plus menaçante, l'administration hospitalière ne pouvait rester indifférente à l'appel qui lui était fait. D'une part, l'intérêt de l'établissement charitable confié à sa direction lui imposait le devoir de ne pas compromettre le patrimoine des pauvres de la commune ; et, d'autre part, elle avait l'obligation morale et elle éprouvait le juste désir de satisfaire, dans les limites du possible, aux besoins de la défense nationale.

La fin du 4ᵉ trimestre de 1870 devait constituer l'hôpital en avance de plus de cent mille francs, vis-à-vis de l'administration de la guerre, du département des Deux-Sèvres, et de ceux de la Seine et de la Vienne, qui fournissent à peu près un tiers des malades de son quartier d'aliénés. La situation ne permettait pas d'obtenir promptement le paiement de cette dette : Paris, assiégé depuis le mois de septembre, ne communiquait plus avec la province que par la voie aérienne ; les départements étaient obérés par les dépenses d'organisation et d'équipement des mobiles, mises à leur charge (4).

Indépendamment de ce découvert énorme, il avait fallu que l'hospice de Niort pourvût, sans aucun secours, aux dépenses de toutes sortes, nécessitées par la création et le développement d'un véritable hôpital militaire.

Où trouver, alors, les ressources nécessaires pour subvenir à de nouveaux frais de première installation et à l'approvisionnement d'une augmentation considérable de personnel ?

La commission administrative sentait tout le poids de

cette question ; elle en délibéra à plusieurs reprises, et, malgré l'œuvre, hors de proportion avec ses ressources, déjà accomplie, elle résolut de faire tous ses efforts pour donner au service militaire une nouvelle extension de 200 lits au moins.

Après une rapide correspondance avec le maire de Niort, M. Alfred Monnet, qui s'était transporté à Tours pour conférer à ce sujet avec l'intendance générale, la commission accepta les bases d'un traité avec la guerre, qui fut rédigé et signé, séance tenante, par tous les administrateurs, le 5 décembre 1870.

Ce traité porte, en substance, fixation du nombre minimum de malades et blessés militaires à 500, et élévation du prix de la journée de 1 fr. 20 à 1 fr. 30, à partir du 1er décembre 1870.

En adhérant à ces conditions, les administrateurs comptaient sur la solution définitive de la question du prix de la journée militaire, qui faisait depuis longtemps l'objet de leurs réclamations. C'est, en effet, dans ce sens qu'est conçue la lettre de M. Alfred Monnet, en date du 27 décembre, qui relate les détails de son entretien à Tours avec M. l'intendant De La Valette ; mais le traité ne fut retourné à Niort que le 31 décembre, par l'administration de la guerre, avec l'obligation d'y ajouter que le prix de 1 fr. 30 par jour n'était stipulé que pour la durée de la guerre. A défaut de subvention officielle, l'hôpital-hospice espérait que la ville l'aiderait de quelques avances sur la somme de 36,000 francs qu'elle lui alloue chaque année, et que la charité privée viendrait largement à son secours.

Cette double attente ne fut point trompée : la ville avança un peu plus tard à l'hospice, en un seul versement, la moitié de sa subvention, soit 18,000 francs sur 36,000 francs ; et la population, comme on le verra bientôt, répondit généreusement à l'appel qui lui fut adressé pour cette œuvre patriotique.

Avant même que le traité eût reçu l'approbation ministérielle, qui n'arriva que le 27 janvier 1871, les administrateurs se mirent en mesure de remplir leurs engage-
ments.

Pour élever la population militaire de l'hôpital au
minimum de 500 lits, fixé par le traité, il fallait déplacer
du bâtiment qu'elles occupaient les femmes et les jeunes
filles. Parmi les premières, les vieilles femmes formaient
une catégorie difficile à transférer ailleurs ; la plupart
étaient infirmes et avaient atteint un âge très-avancé (la
doyenne n'avait pas moins de 95 ans). Ces bonnes vieilles
se résignèrent volontiers à céder aux victimes de la
guerre les salles où elles avaient, depuis longtemps, leur
logement bien installé et leurs habitudes. Toutes les
femmes furent réparties, sans changer de quartier, dans
une grande salle dite des Hospitalières, servant ordinai-
rement d'ouvroir particulier aux sœurs ; dans une salle
supplémentaire du service de la Maternité ; et enfin dans
l'école des enfants de l'hospice. Les chambres situées au-
dessus de la classe furent réservées aux varioleuses.

Les jeunes filles émigrèrent également de leur service ;
elles n'y conservèrent que leur atelier, annexe indispen-
sable de la lingerie, et le réfectoire, qui devint leur infirmerie.

Ces réserves, tant chez les femmes que chez les jeunes
filles, furent séparées, par des aménagements particuliers
et des clôtures, de l'ensemble principal des bâtiments où
elles avaient leurs quartiers distincts.

Les jeunes filles n'eurent plus d'accès à leur service
que par la cour des femmes. Leur vaste préau, déjà
transformé en square par des plantations et des pelouses,
fut, ainsi que le corps de bâtiment dont nous venons de
parler, consacré à *l'ambulance* de l'hospice (nous expli-
querons tout-à-l'heure cette désignation), qui reçut le nom
de quartier Sainte-Anne.

Mais il fallait un refuge pour la nuit à ces enfants qui

n'avaient gardé qu'un asile pour le travail du jour. L'administration s'empressa de louer une maison, située en face de l'entrée de l'hospice et touchant à la cour de la ferme, c'est-à-dire à l'enceinte des étables, des écuries et des remises, qui forment une annexe séparée de l'établissement. Cette maison toute entière fut transformée en dortoirs ; les jeunes filles et le trop-plein du service des femmes s'y retirèrent, chaque soir, sous la garde de plusieurs sœurs.

Ainsi les pauvres eux-mêmes, par une abnégation et des sacrifices qui n'ont pas moins de mérite que les dons généreux des riches, purent contribuer au soulagement de nos malheureux soldats. Ils les ont hébergés dans leur propre demeure, car l'hospice est la maison des pauvres, et les représentants de l'autorité n'en sont que les administrateurs.

Grâce à ces changements, qui s'effectuèrent avec toute la célérité possible, le nouveau local fut promptement disponible. Mais il s'agissait de se procurer et d'y installer tout le mobilier nécessaire à une pareille entreprise. Les ressources en literie de l'hôpital et les achats faits en septembre et octobre avaient déjà leur emploi. Le linge manquait aussi pour un tel accroissement de population. Les communications avec les principaux centres de fabrication de ces fournitures étaient interceptées par l'investissement de Paris et le mouvement des armées. L'hôpital ne pouvait donc atteindre son but sans le concours des dons en nature de la charité privée.

Dès le 5 décembre, date du traité avec l'intendance militaire, et aussi date fatale de la réoccupation d'Orléans par les troupes allemandes, M. le maire avait fait publier un chaleureux appel aux habitants de Niort.

« Si, — disait cette proclamation, — dans les départe-
« ments voisins on a cru devoir recourir, en semblable
« circonstance, à des réquisitions forcées, à Niort, nos
« traditions charitables suffisent à assurer le succès de

« notre demande, qui s'adresse seulement à la bonne
« volonté des habitants et aux sentiments d'humanité qui
« sont dans tous les cœurs.

« Que ceux qui sont en position de le faire, mettent
« immédiatement de côté pour l'hospice, soit un matelas,
« soit une paillasse, des draps, des traversins ou des
« couvertures, etc., à titre de don ou simplement de prêt,
« et d'ici à huit jours, la ville de Niort aura la satisfaction
« de pouvoir offrir 200 lits de plus aux victimes de la
« guerre nationale qui doit délivrer la patrie.

« Lorsque des blessés ou des malades vont nous
« arriver, souvenons-nous que, la veille, ces pauvres
« soldats étaient les compagnons de combat de nos
« concitoyens, de nos frères, de nos fils ; souvenons-nous
« qu'ils viennent comme eux d'endurer toutes les rigueurs
« d'une saison pluvieuse et glaciale ; souvenons-nous,
« enfin, que s'ils ont partagé les luttes et les fatigues de
« ceux que nous aimons, ils ont droit aux soins et à
« l'hospitalité que nous désirerions pour les nôtres et que
« la France a le devoir d'assurer à tous ses enfants. »

Une note mise au bas des affiches annonçait qu'à dater
du mercredi 7 décembre, des chariots d'artillerie, accom-
pagnés d'agents de l'administration, parcoureraient
successivement toutes les rues.

Pour décrire cette quête charitable, et pour l'honneur
de la ville de Niort, je ne saurais mieux faire que d'em-
prunter à l'histoire de son hôpital la relation de ce qui
s'accomplit en 1683 pour procurer à cette fondation les
meubles dont elle avait besoin.

« ....On envoya donc pour ramasser tout cela, des
« charrettes en chaque quartier.

« On vit alors toute la ville comme au pillage. Les
« voisins s'excitent mutuellement à donner, non-seule-
« ment ce qu'ils avaient de superflu, mais le nécessaire
« même. Les artisans sortaient des boutiques pour ayder
« à mettre sur les charrettes des coffres, des bancs, des

« chaises, des châlits, des paillasses, des matelas, des
« couvertures, toutes sortes de meubles de cuisine, de
« la vaisselle, et une quantité prodigieuse de linge.

« On voyait les bourgeois et les enfants de la première
« qualité du lieu, suivre les charrettes et porter sur leurs
« épaules les linceuls, les nappes, les serviettes, les
« chemises et les autres meubles qu'on ne pouvait pas
« loger commodément sur les charrettes. »

Niort renouvela en 1870 ces prodiges de charité. Quel
assaut de générosité ! Quel *pillage* ! (pour ne pas changer
l'expression du narrateur.) Quel noble contraste avec les
odieuses déprédations des Prussiens !...

En quelques jours, les dons nombreux de la population
niortaise, joints aux achats que fit encore l'administration,
mirent l'hôpital en état de pourvoir à l'installation de
250 lits nouveaux. Ces dons consistaient principalement
en objets de literie, d'autant plus utiles qu'on ne pouvait
s'en procurer qu'en petit nombre et à des prix très élevés.
La Compagnie du chemin de fer d'Orléans offrit à l'hôpital, par l'entremise de M. le préfet, 10 lits en fer avec
toute leur garniture. M. le maire de Niort donna, au nom
de la ville, une boîte complète d'instruments de chirurgie,
qui vint à propos augmenter les ressources chirurgicales
de l'établissement. On reçut une petite quantité de denrées
et de comestibles, et diverses sommes d'argent s'élevant
au total à 1,300 francs.

Malgré l'importance de la lingerie hospitalière qui
dessert, en temps ordinaire, environ 800 personnes, et ce
que la quête venait d'y ajouter, le linge de corps et les
draps surtout, n'étaient pas assez nombreux pour les
rechanges fréquents qui s'opéraient chaque jour. L'hôpital
acheta une grande quantité de toile, et l'on eut l'avantage
de trouver à Rochefort, chez un fournisseur de la marine,
500 chemises confectionnées, qui furent mises immédiatement au service. L'hôpital acheta en outre pour
2700 francs de couvertures, et demanda à Nantes et en

Angleterre, les matières pharmaceutiques qu'on ne pouvait plus faire venir de Paris.

Le nombre des sœurs, déjà augmenté depuis la guerre, fut porté à 48. On éleva aussi, suivant les besoins croissants de l'établissement, le nombre des infirmiers.

Il était temps que ces préparatifs et ces approvisionnements permissent d'étendre les services militaires, car, après la reprise d'Orléans par les armées allemandes, le flot des envahisseurs monta rapidement jusqu'au cœur de la France. Le 9 décembre, le gouvernement de Tours transportait en toute hâte son siége à Bordeaux. Tout espoir de jonction de l'armée de la Loire avec celle de Paris était perdu, et bientôt l'ennemi s'avançait jusqu'à Blois, Tours et Vendôme.

Ce mouvement força les ambulances et les hôpitaux menacés de l'approche de l'ennemi à évacuer un nombre considérable de malades et de blessés.

Dans le cours du mois de décembre, l'hôpital de Niort reçut cent évacués, admis pour toute la durée de leur traitement. Ces cent militaires se composaient de 39 gardes mobiles de divers départements, de 42 fantassins de plusieurs régiments (ligne, infanterie de marine, génie, 1er et 3e zouaves, 6e et 4e bataillons de chasseurs à pied et de 19 cavaliers appartenant aux 2e, 5e, 11e, 12e, 16e chasseurs ; 1er cuirassiers, 6e dragons, 5e lanciers, 9e, 10e, 12e, 16e d'artillerie, et régiments étrangers.

Les principaux arrivages eurent lieu les 2, 7, 17, 28 et 29 décembre. Mais ce n'étaient que les épaves de convois plus nombreux, dirigés en masse vers l'ouest et le midi. La majeure partie de ces convois ne séjournait parfois qu'un ou deux jours à l'hôpital de Niort, et dès le lendemain il fallait s'occuper de leur évacuation.

On comprend quel mouvement ces passages de malades et de blessés amenèrent dans l'établissement, indépendamment des entrées régulières par billet. Nous n'essaierons pas de faire un tableau de ces courants passagers ;

les renseignements manqueraient, d'ailleurs, pour indiquer les régiments de toutes armes auxquels ils appartenaient.

Nous ne citerons qu'un trait d'admirable charité, qui pourra faire juger de l'encombrement qu'a éprouvé à cette époque l'hôpital-hospice de Niort. C'était dans la nuit du 7 au 8 décembre. L'ambulance Sainte-Anne n'était pas encore établie ; celle de la gare de Niort n'existait pas non plus. Il faisait un froid extrême, la terre était gelée et couverte de givre. L'hôpital ne pouvait fournir des lits à tous les soldats de l'énorme convoi qui venait d'arriver. On fut alors obligé de placer ceux qui étaient le moins souffrants, et qui devaient continuer leur route dès le lendemain, dans des salles bien chauffées, pour passer la nuit sur des siéges. 40 restèrent à l'hospice et 39 furent placés dans les réfectoires du quartier des aliénés. On distribua à tous du café.

A deux heures du matin, les administrateurs font une dernière tournée dans l'établissement. Quel est leur étonnement, en voyant que tous ces soldats sont parfaitement couchés et dorment déjà sur des lits improvisés, confortablement garnis de matelas et de couvertures. Les bonnes sœurs avaient donné leur propre literie pour procurer à ces voyageurs malades et fatigués le repos dont ils avaient besoin. Les frères de l'asile avaient eu la même inspiration. A 4 heures, cependant, la cloche de l'hospice sonnait comme d'habitude, pour le réveil et la prière des sœurs ; mais elles avaient passé la nuit toute entière à soigner les malades et à prier pour eux.

Jamais, à l'hôpital de Niort, les militaires n'ont été dans la nécessité, comme dans beaucoup d'autres endroits, de s'étendre sur la paille. Les salles Sainte-Germaine et Sainte-Marguerite, qui furent disposées à l'ambulance Sainte-Anne pour recevoir les évacués de passage, contenaient de larges lits, donnés ou prêtés par les habitants, dans chacun desquels deux soldats pouvaient coucher au besoin. Dans les derniers jours de décembre, l'hôpital a logé à la fois plus de 650 militaires.

L'encombrement des hôpitaux et les nécessités de la lutte désespérée qui se continuait dans des conditions de plus en plus funestes à la France, inspirèrent à l'administration de la guerre trois arrêtés en date des 20, 25 et 26 décembre 1870. Le premier ordonnait la création de six dépôts de convalescents : à Nantes, Bayonne, Toulouse, Montpellier, Perpignan et Nice. Le second, qui contient l'organisation devenue si urgente de l'évacuation des malades et des blessés, prescrivait l'installation d'ambulances provisoires dans les gares de Rennes, Laval, Mayenne, le Mans, Caen, Alençon, Argenton, Séez, Tours, Angers, Nantes, Poitiers, Niort, la Rochelle, Angoulême, Coutras, Libourne, Bordeaux, Bourges, Montluçon, Nevers, Moulins, Clermont-Ferrand, Mâcon, Bourg, Lyon, Saint-Etienne et Saint-Germain-des-Fossés.

Cet arrêté était complété par les instructions suivantes, concernant les hôpitaux temporaires :

« Je prescris une fois pour toutes à MM. les intendants
« divisionnaires de créer rapidement et en dehors des
« ressources qui existent déjà, savoir :

« 1° .... ; 2° .... ; 3° entre les ambulances provi-
« soires et dans toutes les villes de la division offrant des
« ressources, des hôpitaux temporaires contenant le plus
« de lits possible.

» J'investis les intendants divisionnaires et les inten-
« dants des places où il y a lieu de créer un service
« hospitalier, du droit de requérir les établissements
« publics propres à l'installation de malades et de blessés ;
« ce n'est qu'à défaut de ces ressources qu'on entrepren-
« dra des constructions spéciales. » (Voir cette instruction in-extenso, aux notes et pièces) (5).

Le 3ᵉ arrêté instituait, au sein de la direction générale de l'administration de la guerre, une sous-direction spéciale, chargée de tous les services médicaux de l'armée, et plaçait à la tête de ce service, M. le docteur Charles Robin, membre de l'institut.

Ces mesures sages mais tardives dénotaient des prévisions peu rassurantes.

Ainsi finit, sous les plus sombres auspices, l'année 1870, de douloureuse mémoire.

DEUXIÈME PARTIE

———

1871

JANVIER.

Malheureusement, il ne fut pas possible de donner partout aux dispositions réglementaires, prises dans les derniers jours de 1870, une exécution immédiate et complète. Des évacuations nombreuses et rapprochées furent encore faites directement sur l'hôpital de Niort pendant le mois de janvier. Elles s'élevèrent à 791 malades et blessés, savoir :

Le 1er janvier	68	
Le 4 —	130	
Le 7 —	249	
Le 8 —	43	791.
Le 9 —	45	
Du 10 au 25	85	
Du 25 au 30	171	

La 2e armée de la Loire s'était reformée des débris de la première ; mais ces débris étaient, ainsi que l'ont signalé plusieurs généraux au gouvernement de la Défense nationale, dans un tel état d'épuisement, de dénûment et de démoralisation qu'il n'était plus possible de s'illusionner sur le résultat de cette funeste campagne. Sur le sol même de la patrie, nos malheureux soldats manquaient de vivres et de vêtements. Le froid, la pluie, la maladie, tout conspirait contre le succès de nos armes, que la retraite de Chanzy, après la défaite du Mans, celle de l'armée de l'Est, après Héricourt, et la situation de Faidherbe dans le Nord, devaient bientôt laisser sans aucun espoir.

Le pêle-mêle des évacuations de janvier, plus confuses encore que les précédentes, et dont nous donnons le détail, faisait pressentir le terme prochain et inévitable de la guerre. Voici le relevé exact de ces 791 évacués :

427 gardes mobiles, dont :
>52 de la Sarthe.
>22 de Maine-et-Loire.
>25 des Deux-Sèvres.
>34 de la Mayenne.
>15 de Lot-et-Garonne.
>37 de la Charente-Inférieure.
>30 de la Dordogne.
>10 du Calvados.
>24 de l'Orne.
>16 de la Loire-Inférieure
>13 de l'Isère.
>16 d'Eure-et-Loir.
>16 de la Corrèze.
>16 d'Ille-et-Vilaine.
>15 du Morbihan.
>11 des Côtes-du-Nord.
>11 du Finistère.
>9 d'Indre-et-Loire.
>55 de divers départements.

427

11 francs-tireurs de divers départements.
2 zouaves pontificaux.
2 tirailleurs algériens.
8 prisonniers prussiens.
234 soldats de l'infanterie, dont 2 zouaves.
19 chasseurs à pied (3e, 4e, 5e, 6e. 7e, 8e, 9e, 11e, 12e et 19e bataillons).
15 soldats d'infanterie de marine.
4 artilleurs de la marine.
7 des 2e et 3e train d'artillerie.
9 des 1er, 2e et 3e train des équipages.
3 marins.
24 de l'artillerie (2e, 3e, 7e, 8e, 9e, 10e, 12e, 13e, 14e, 15e, 16e, 18e, 20e).
7 soldats du génie (1er, 2e, 3e et 11e).
3 cuirassiers (3e et 5e cuirassiers de la garde).
2 dragons (4e et 6e).
5 chasseurs (2e, 3e, 11e et 19e).
2 hussards (1er régiment).
3 lanciers (6e, 8e et 12e).
4 gendarmes de divers départements.

791

Ces convois arrivaient presque toujours la nuit. On allait les chercher à la gare; le préfet, le sous-intendant militaire, le maire, les administrateurs de l'hôpital et les membres de la société de secours aux blessés se faisaient un devoir d'assister à leur débarquement. Tout le monde veillait pour les attendre. En entrant à l'hôpital ils étaient conduits d'abord dans la salle de communauté des sœurs, les parloirs, le grand vestibule, où des vivres étaient distribués, puis dans les salles de la pharmacie, où avaient lieu les pansements les plus urgents. De là ils étaient répartis dans les divers services auxquels ils devaient appartenir suivant leur état. Les sacs et les armes dont ils étaient chargés étaient soigneusement emmagasinés.

Le quartier Sainte-Anne, confié aux soins des docteurs Fontant et de Meschinet, chirurgien en chef et chirurgien adjoint de l'hôpital, contenait tous les blessés et, en outre, les malades qu'on supposait en état d'être plus ou moins promptement évacués. De là le nom d'ambulance donné à ce quartier. Tous les autres malades, atteints pour la plupart d'affections contagieuses ou transmissibles et, dans tous les cas, présumées de longue durée, occupaient tous les bâtiments de l'ancien couvent des Hospitalières. M. Gauné, médecin en chef, et MM. les docteurs Tonnet et Eymer, étaient chargés de cette partie de l'établissement.

Dans chaque convoi, un certain nombre de ces malheureux soldats, qui voyageaient ainsi, la nuit, par un froid des plus rigoureux, avaient déjà les symptômes déclarés et apparents de la variole; d'autres arrivaient aussi presque mourants de fièvre, de dyssenterie ou d'affections pulmonaires avancées. Plusieurs reçurent les derniers secours de la religion sur le brancard qui servait à les transférer de la gare à l'hôpital. Quel spectacle navrant! Il nous souvient d'avoir vu des gardes nationaux, de service à la gare, pleurer en portant un jeune mobile agonisant, qu'on eut à peine le temps de déposer sur son lit de mort.

Un des révérends pères de la congrégation de Saint-Laurent-sur-Sèvre, M. l'abbé Bignonet, était venu prêter son concours pour le service religieux pendant cette période calamiteuse. Il s'était particulièrement chargé de l'ambulance Sainte-Anne, et il s'acquittait de sa mission avec tant de dévouement et de bonté qu'il sût s'attirer l'affection et la reconnaissance de nos soldats.

La lettre suivante adressée, le 11 janvier, à M. le sous-intendant militaire par la commission administrative, donnera une idée des embarras et des inconvénients graves auxquels donnèrent lieu, dans le principe, ces évacuations nombreuses et forcément précipitées.

« 11 janvier 1871.

« Monsieur le sous-intendant,

« L'administration de l'hôpital-hospice a le devoir de « se préoccuper de la situation créée par les circonstances, « d'y apporter l'ordre toujours si nécessaire qu'il importe « de maintenir plus scrupuleusement aujourd'hui que « jamais.

« Elle vient vous demander, monsieur le sous-inten-« dant, de l'aider dans cette tâche en ce qui concerne « l'hôpital militaire.

« Il n'est pas possible, en ce moment, que les choses « puissent se continuer d'après les errements des derniers « jours.

« Tous les dévouements seraient impuissants ; et c'est « après avoir mûrement examiné la situation, entendu « MM. les docteurs et les bonnes sœurs, que la commis-« sion vient vous demander des modifications sans « lesquelles il deviendrait impossible d'aller plus loin.

« Les arrivées de malades ou de blessés sont incessantes

« et dirigées toutes sur l'hôpital. Là se fait un triage
« pénible et difficile, surtout la nuit. Ces entrées nou-
« velles sont toujours suivies d'évacuations nombreuses ;
« de là désordre dans tout l'établissement, contrôle
« efficace impossible, trouble constant dans les salles de
« malades auxquels le sommeil et le repos sont si néces-
« saires.

« L'administration désire, monsieur le sous-intendant,
« que ce triage se fasse ailleurs qu'à l'hospice : soit à
« l'ambulance de la gare, soit dans tout autre bureau
« organisé par vos soins. Chaque malade ne serait
« alors reçu qu'avec un billet signé du médecin de
« l'ambulance ou de ce bureau, et entrerait à l'hôpital
« pour y recevoir utilement des soins.

« Les évacués vers d'autres points recevraient aussi
« leur destination sans un passage inutile dans l'établis-
« sement.

« Nous désirons aussi, monsieur le sous-intendant,
« que les pauvres sœurs ne soient pas condamnées à des
« veilles continuelles et que les entrées à l'hôpital n'aient
« pas lieu pendant la nuit, à moins de cas d'urgence
« constatés par un docteur. Déjà plusieurs sœurs sont au
« lit par suite de fatigues qui sont au-dessus de leurs
« forces.

« Le chiffre maximun des lits que l'hôpital peut mettre
« à la disposition de la guerre est de 600 ; mais le service
« de la garnison doit être assuré tout d'abord ; aussi
« vous paraîtra-t-il utile, comme à nous, qu'un certain
« nombre de lits soit toujours réservé pour les cas urgents
« et imprévus.

« L'administration vous tiendra constamment au cou-
« rant du nombre des lits vacants.

« La commission administrative a le désir d'éloigner,
« le plus possible, les causes d'insalubrité qu'une trop
« grande agglomération de malades contribue souvent à
« développer ; aussi vous demande-t-elle, monsieur le

« sous-intendant, que les ambulances prennent indistinc-
« tement des malades et des blessés, à l'exception,
« toutefois, de ceux atteints de maladies contagieuses
« pour lesquelles l'hôpital a des services spéciaux.

« La commission vient aussi vous prier de donner des
« ordres pour que les soldats décédés dans les ambulances,
« en dehors de la commune de Niort, ne soient pas
« rapportés à l'hospice. D'abord, l'éloignement rend ce
« service pénible et fort difficile : comment déterminer le
« rayon ?

« La loi impose à chaque commune l'obligation des
« inhumations des personnes mortes sur son territoire ;
« les transports sans exception devant être autorisés par
« le préfet. La municipalité de Niort se préoccupe de cet
« état de choses irrégulier, qui contribue à accroître les
« difficultés des inhumations si nombreuses aujourd'hui
« dans le cimetière de la ville.

« Le service de l'aumônier est accablé aussi, et, au
« point de vue de l'effet moral comme à celui de la salu-
« brité, cette centralisation à Niort est mauvaise, ou
« tout au moins inutile.

« Telles sont, monsieur le sous-intendant, les réclama-
« tions que les administrateurs de l'hôpital-hospice se
« trouvent dans la nécessité de vous adresser, et dont
« vous apprécierez la valeur, pour amener, d'une part,
« l'ordre nécessaire dans toute administration, et,
« d'autre part, les soins dont nos pauvres malades ont
« aujourd'hui si grand besoin. »

A la suite de cette lettre, des dispositions meilleures
furent adoptées, et l'ambulance provisoire établie à la
gare de Niort, organisée et dirigée par les membres de
la Société de secours aux blessés, procura un grand
soulagement aux services hospitaliers.

L'armée du général d'Aurelle de Paladines avait déjà
donné un certain contingent de varioleux à l'hôpital de

Niort. L'intéressant ouvrage publié récemment par ce général contient sur l'état sanitaire de son armée le passage suivant :

« La petite vérole avait fait invasion dans nos bivouacs.
« Le nombre de décès était considérable. Après quelques
« jours passés devant Orléans, les hôpitaux et les nom-
« breuses ambulances qui marchaient à la suite de
« l'armée étaient encombrés de varioleux et d'hommes
« atteints de diarrhée. Les malades étaient dirigés sur les
« hôpitaux de l'intérieur, et nos effectifs diminuaient
« d'une manière sensible. Les hommes qui entraient
« aux ambulances, ne reparaissaient plus à leurs corps.
« Les médecins, mus par un sentiment naturel d'huma-
« nité, leur faisaient obtenir des congés ou les évacuaient
« sur des hôpitaux éloignés. »

L'épidémie continua ses ravages, en décembre et en janvier, non-seulement à Niort, mais encore à l'armée de la Loire passée sous le commandement en chef du général Chanzy, et elle fournit un surcroît d'encombrement aux salles de l'hôpital de Niort réservées aux malades de cette catégorie. Au milieu de janvier, l'hôpital eut en même temps jusqu'à cent quarante varioleux.

Cet état de choses, qui menaçait d'empirer, nécessita l'établissement, en dehors de la ville, d'une ambulance spéciale pour les varioleux et au besoin pour les autres genres de malades dont l'agglomération pouvait être dangereuse dans un centre populeux.

Nous croyons devoir consacrer ici un article spécial à la création de cette succursale temporaire de l'hôpital-hospice.

LES FONTENELLES.

La propriété des *Fontenelles* est un site charmant des environs de Niort. Des sources d'eaux vives, d'où elle tire son nom, arrosent ses jardins et alimentent le ruisseau *le Lambon* qui, à deux kilomètres de là, se jette dans la Sèvre, un peu en amont de la ville. La maison, aérée et salubre, construite à mi-côte, est précédée d'une large terrasse qui domine le vallon. Les *Fontenelles* appartiennent à la congrégation de l'Immaculée-Conception, fondée en 1854, qui dirige l'une des écoles communales de Niort. Cette congrégation a établi, depuis quelques années, dans cette propriété, un noviciat de religieuses et un pensionnat de jeunes filles.

Les malheureux événements de la guerre, qui ont rendu cette habitation momentanément vacante, comme tant d'autres établissements d'instruction publique, ont inspiré aux sœurs de l'Immaculée-Conception et à leur vénérable supérieur, M. l'abbé Rabier, curé de Saint-André, de Niort, la généreuse pensée de consacrer les *Fontenelles* à éloigner les militaires atteints de maladies épidémiques et contagieuses, dont l'affluence à l'hôpital augmentait chaque jour. Ils mirent donc gratuitement ce local à la disposition de M. le Maire de Niort, pour qu'il y fît installer un service de varioleux.

M. le Maire hésita, d'abord, entre l'administration hospitalière, déjà surchargée, et celle du Bureau de bienfaisance; mais, après les avoir consultées l'une et l'autre, il pria la Commission administrative de l'hôpital d'organiser seule, aux *Fontenelles*, une succursale de son établissement principal.

C'était, aux yeux des membres du Bureau de bienfaisance et de toutes les personnes qui avaient pris part aux délibérations préliminaires du projet en question, le moyen le plus régulier et le plus pratique d'arriver à une prompte réalisation.

La Commission ne pouvait, évidemment, décliner la nouvelle mission qui lui incombait, et qui avait pour but de dégager l'hôpital et la ville de Niort d'un danger de contagion et d'insalubrité. Le 16 janvier, elle proposa donc à l'intendance militaire d'agréer l'annexe des Fontenelles, où seraient traités 90 à 100 varioleux, aux mêmes conditions que celles insérées au traité du 5 décembre 1870. Elle demanda, en outre, à la guerre l'allocation d'un secours de 5,000 fr.

Ces conditions furent acceptées et le secours fut accordé. L'hospice reçut encore, à ce sujet, quelques dons en nature, mais peu importants. La charité privée avait déjà donné beaucoup pour l'hôpital et pour des ambulances qui s'étaient créées dans la ville.

L'habitation des Fontenelles était d'autant mieux choisie pour servir de succursale à l'hospice, que la commune de Souché, où elle est située, est administrée par M. le docteur de Meschinet, l'un des médecins de l'établissement. M. de Meschinet fut placé à la tête du service médical des Fontenelles et suppléé, dans celui qu'il remplissait à l'hôpital, par M. le docteur Chebrou, l'un des médecins du Bureau de bienfaisance.

L'administration eut aussi la bonne fortune de trouver, parmi les malades convalescents, un jeune étudiant en médecine, soldat du train d'artillerie, M. Potel, qui devint l'interne de cette ambulance.

Les Fontenelles ont une chapelle, desservie par un aumônier résidant, avantage inappréciable pour un établissement isolé, où le service religieux intérieur et celui des inhumations devaient exiger une activité soutenue et dévouée. Cette tâche n'était pas au-dessus du zèle de M. l'aumônier Bontemps.

De leur côté, les religieuses de l'Immaculée Conception avaient à cœur de se consacrer aux soins des malades. Elles laissèrent dans ce but, aux Fontenelles, quatre sœurs de chœur, dont l'une faisait fonction de supérieure, et deux sœurs converses.

C'est avec ces éléments que la commission entreprit d'organiser en peu de jours cette ambulance, et d'y mettre tout en état. Elle prit l'entretien et le paiement de tout le personnel de la maison au compte de l'hôpital, acquit les quelques denrées qui restaient encore aux sœurs, et envoya aux Fontenelles des approvisionnements de toutes sortes. Une petite pharmacie provisoire fut installée dans un salon, près de la cuisine, par les soins des sœurs attachées à la pharmacie hospitalière.

On mit à l'œuvre presque tous les ouvriers de l'établissement. L'un d'eux alla chercher à Poitiers les appareils d'éclairage, de chauffage et les autres ustensiles indispensables qu'on n'avait pu trouver à Niort en suffisante quantité. Enfin, grâce à des travaux et à des aménagements bien combinés, cent lits purent être rapidement installés, pour nos pauvres soldats varioleux, dans cet asile rempli naguère de novices et de jeunes pensionnaires.

M. Ravant, déjà employé au mouvement du personnel militaire dans l'établissement hospitalier, fut envoyé aux Fontenelles comme préposé de l'économat de l'hôpital.

La lettre de la commission à l'intendance était du 16 janvier; le dimanche 22 du même mois, les premiers malades entrèrent à cette ambulance. Les varioleux qui étaient à l'hôpital y restèrent pour achever leur guérison; mais dans les salles il ne fut admis aucun nouveau cas. Chaque jour, l'omnibus de l'établissement faisait deux ou trois tournées dans la ville, aux casernes, aux ambulances, chez les habitants, prenant, pour les conduire aux Fontenelles, les soldats atteints par la contagion.

———

Ce furent de bien tristes temps : la mortalité augmenta dans des proportions très sensibles, que l'esprit inquiet de la population exagéra sans mesure; le char funèbre se croisait fréquemment avec les brancards qui transportaient les malades et le vieil omnibus de l'hôpital, qu'on n'appelait plus en ville que *la picotière*. Je ferai connaître à la fin de ce travail le total exact des décès et celui de la population hospitalière.

Pour comble de malheurs, après tant de sacrifices et de courageux efforts, qui n'avaient donné à nos armes que quelques succès éphémères, le dénouement fatal, prévu depuis longtemps, s'accomplissait : le 28 janvier, Paris était réduit, non par la force mais par la famine, à capituler, et un armistice de 21 jours suspendait les hostilités. Les conditions de cet armistice, acceptées par le gouvernement de la Défense nationale, livraient le sort de la capitale et de nos armées à l'ennemi. Une lutte suprême devenait désormais impossible ; tout était consommé.

FÉVRIER.

On sait quel funeste résultat eut l'armistice conclu entre la France et la Prusse. Ce n'est pas son épée que le roi Guillaume mit dans la balance, c'est tout le poids de ses canons ; et la France, épuisée, meurtrie par la lutte, fut démembrée et ruinée par le traité de paix.

Mais les maux que la guerre a engendrés ne cessent pas avec elle ; les blessurs qu'elle a faites ne se cicatrisent pas en un jour. Pendant le mois de février, l'hôpital demeura rempli de malades et de blessés militaires, et reçut encore 84 évacués (principalement des gardes mobiles et des soldats d'infanterie de ligne). L'annexe des Fontenelles atteignit le chiffre de 90 malades.

Je dois mentionner, dans l'intérêt des établissements publics qui ont à pourvoir aux besoins d'un personnel nombreux, que, sans le séchoir à air chaud, construit, il y a quelques années, à l'hôpital, il eût été impossible d'approvisionner de linge propre, au milieu d'une saison aussi rigoureuse, l'établissement principal et sa succursalle, encombrés de blessés, de dyssentériques et de varioleux.

C'est une preuve de plus qu'il ne faut jamais différer les améliorations commandées par un besoin urgent et sérieux. L'administration put juger combien elle avait eu raison de ne pas reculer, en temps opportun, devant une dépense de six mille francs environ, sans y comprendre la construction du bâtiment dont le séchoir et son fourneau n'occupent que le rez-de-chaussée et le soubassement.

Cette dépense a été promptement économisée par la conservation du linge qu'on ne pouvait sécher, autrefois, pendant l'hiver, qu'à de courts et rares intervalles. Elle a permis à l'administration, au moment où la population de l'hôpital était presque doublée, d'assurer à tous les malades une chose de première nécessité.

Le système installé à l'hôpital de Niort, en 1866, est celui de la maison Bouillon, Muller et Cᵉ, de Paris.

A proximité du séchoir est placée une *essoreuse*, ingénieux appareil donné par M. Frappier, ordonnateur de l'hôpital. Pendant tout l'hiver de 1871, le mauvais temps a empêché de faire usage des étendoirs extérieurs et intérieurs de l'hôpital ; le séchoir à air chaud a fonctionné jour et nuit.

Février a été l'un des mois les plus sombres de cette époque désastreuse. Plus de combats ; mais aussi plus d'espoir de relever le drapeau de la France, abattu, humilié, obligé de subir la loi du vainqueur. Ce sentiment de la défaite et l'inquiétude de l'avenir pesaient sur l'esprit et sur la santé de nos soldats. Aussi, lorsque le moment de compter les morts sera venu, verrons-nous que les pertes de février furent encore très sensibles à l'hôpital de Niort.

Pendant ces tristes jours, nous eûmes parfois sous les yeux des scènes offrant des contrastes doux et déchirants : l'un arrive trop tard pour recevoir le dernier adieu d'un fils chéri ; l'autre peut à peine reconnaître, dans la salle funèbre, le cadavre d'un frère auprès duquel il s'empressait d'accourir ; tandis que d'autres ont le bonheur de retrouver vivants ceux qu'ils croyaient avoir perdus.

Nous citerons, parmi ces derniers, un médecin distingué de Paris, qui, après le siége, put venir à Niort unir ses soins à ceux des médecins de l'hôpital, pour achever la guérison de son fils. Ce jeune enrôlé volontaire, échappé aux dangers de la guerre et des épidémies, n'avait que 17 ans.

MARS.

Le personnel militaire de l'hôpital diminua beaucoup dans le cours de ce mois, malgré un envoi de 43 malades évacués des hôpitaux militaires de Paris. La santé de ces malheureux soldats était profondément altérée par les privations qu'ils avaient éprouvées durant le siége. La nourriture abondante qui leur était distribuée plusieurs fois par jour n'empêchait pas la faim de les tourmenter encore, et l'on avait beaucoup de peine à protéger, contre leurs entreprises, les provisions qui entraient à l'hospice, lorsqu'ils se promenaient dans l'allée des services généraux.

Ce mois fut marqué par la ratification du traité de paix de Versailles. Le rapatriement des prisonniers, convenu entre la France et la Prusse, fit sortir de l'hôpital quelques prisonniers prussiens qui y avaient été amenés dans les premiers jours de janvier. On les avait mis à l'ambulance Sainte-Anne, dans une salle qui contenait plusieurs de nos soldats. Un des sous-officiers de planton se tenait dans cette salle, mais il n'eut jamais besoin d'intervenir entre les Français et les Allemands. La fraternité du malheur s'établit bientôt entre eux et les fit compatir mutuellement à leurs souffrances. Les blessés allemands furent soignés comme nos propres blessés. Ils étaient au nombre de 8, la plupart Hanovriens. 4 moururent, les autres quittèrent l'hôpital, le 15 mars, en témoignant leur reconnaissance des bons soins et des bons procédés dont ils avaient été l'objet.

Faut-il considérer, non comme prisonnier mais comme espion prussien, un blessé inconnu qui arriva à l'hôpital, dans la nuit du 7 au 8 décembre, au milieu d'un nombreux convoi d'évacués ?... Cet homme, grand, blond, fortement constitué, offrait bien l'aspect du type allemand. Il portait des vêtements de zouave, mal assortis et sans numéro d'ordre de régiment. On ne put lui arracher une seule parole. La blessure qu'il avait à la tête paraissait être assez légère, et il marchait librement. Cependant, il mourut le 8 décembre, au milieu du jour ; aucun de ses compagnons ne le connaissait ; après comme avant sa mort, on essaya vainement de constater son identité.

Dans la crainte de faire injure peut-être à la mémoire d'un brave soldat, on inscrivit cet homme sur les registres, sous cette désignation : *un zouave inconnu ;* mais l'opinion générale à l'hôpital persista à voir dans ce personnage mystérieux un espion déguisé.

Quoi qu'il en soit, il est certain que les Prussiens ont largement et sous toutes les formes pratiqué l'espionnage en France, et qu'ils n'ont point usé de réciprocité avec nous, sous le rapport de l'humanité et du respect du droit des gens. J'emprunte à une relation anglaise, qui ne peut être suspectée de partialité, cette appréciation de leur conduite :

« Le système des Prussiens, qui est admirable pour « l'enlèvement de leurs propres blessés du champ de « bataille, fait banqueroute complète dès qu'il s'agit des « blessés de l'ennemi tombés entre leurs mains. Ils n'es« sayent même pas de s'en occuper. On les laisse « emporter par des chars de la contrée, *s'il y en a* ; leurs « blessures doivent être pansées par des chirurgiens fran« çais, *s'il y en a* ; et ils doivent être nourris par la com« mune dans laquelle ils se trouvent, *s'il y reste de la* « *nourriture.* Or, comme toute la farine, tous les che« vaux et tous les chariots sont réquisitionnés pour l'ar« mée allemande, il est généralement impossible de faire « quoi que ce soit pour ces malheureux. Je vois que, « même à Lagny, une station de chemin de fer près de « Paris, par laquelle parviennent journellement des cen« taines de tonnes de saucissons et de biscuits, rien n'a

« été fait pour nourrir les prisonniers français, qui ont
« dû à l'ambulance anglaise les aliments qui les ont
« empêchés de mourir de faim. Assurément, les donateurs
« de cette noble œuvre n'ont jamais eu l'intention de sou-
« lager les belligérants de la dépense qui leur est imposée
« pour l'entretien des prisonniers tombés entre leurs
« mains. »

A la date du 28 mars, l'intendance notifia à la commission hospitalière que, la guerre étant terminée, le traité
du 5 décembre 1870 cesserait son exécution à partir du
1er avril prochain, et qu'en conséquence, le prix de la
journée militaire serait réduit à 1 fr. 20 c.

AVRIL.

Le 1er avril, l'hôpital fut visité par un membre de la société anglaise de secours aux blessés, dont il est question dans l'article que nous venons de citer. Le capitaine sir HARVEY, de l'artillerie royale des highlanders, prit le plus vif intérêt à l'examen de notre organisation hospitalière et à l'état de nos malades et de nos blessés. Avant son départ de Niort, il fit don à l'établissement d'aliments choisis pour les malades et les convalescents, et dès son arrivée à Londres, il envoya sept colis contenant du lait condensé, des médicaments, du tabac, des toiles, des lainages, des oreillers et d'autres objets.

La Commission s'empressa de lui adresser des remerciements, pour lui et la société de secours dont il faisait partie.

Les services militaires continuant à se vider rapidement, le mois d'avril fut employé à rétablir successivement les choses dans leur état normal. L'ambulance Sainte-Anne cessa bientôt d'être utile. Les salles qu'occupaient les femmes, avant la guerre, furent les premières réparées et assainies, et tout le personnel y rentra, le onze avril.

L'ambulance des Fontenelles cessa de fonctionner à la fin de ce mois. Il n'y resta que 3 malades, que les sœurs de l'Immaculée Conception gardèrent pendant un certain nombre de jours, sauf remboursement de leur dépense par l'hôpital.

Du 22 janvier au 1er mai 1871, 191 malades ont été traités aux Fontenelles. Sur ce nombre, il y a eu 48 décès. La dépense totale a été de 7,213 fr. 80 c. pour 4,150 journées,

4

ce qui porte le prix de revient de la journée, par malade, à 1 fr. 73 c.

Si la proportion des décès est relativement considérable, c'est que la petite vérole a eu en général, dans cette épidémie, le caractère le plus grave et le plus dangereux. Les varioleux des Fontenelles n'ont point été abandonnés dans leur ermitage, comme ces lépreux du moyen-âge dont nul n'osait approcher. Ils ont été admirablement soignés par M. le docteur de Meschinet et les religieuses de l'Immaculée Conception ; ils ont reçu de fréquentes visites de Mme la Supérieure de l'hôpital et des administrateurs.

L'administration n'avait point attendu le jour de la clôture de cette ambulance, pour exprimer ses sentiments de reconnaissance aux personnes qui s'y étaient dévouées. Le 25 avril, elle avait adressé une lettre de remerciements à M. le docteur de Meschinet, à Mme la Supérieure des Sœurs de l'Immaculée Conception, à M. le Curé de Saint-André et à M. l'abbé Bontemps, pour les services rendus par cette œuvre charitable à l'administration hospitalière et à la ville de Niort.

Ces remerciements furent renouvelés dans une lettre du 12 août 1871, lorsque les ouvriers de l'hôpital eurent terminé toutes les réparations des Fontenelles, et que les comptes de cette ambulance furent définitivement réglés (6).

Le 30 avril, il n'y avait plus que 270 militaires à l'hôpital.

MAI, JUIN, JUILLET, AOUT ET SEPTEMBRE.

Enfin les maladies épidémiques avaient presqu'entièrement disparu avec la mauvaise saison. La ville de
Niort était allégée du mouvement militaire qui s'y était
opéré pendant huit mois des années 1870 et 1871 ; les
évacuations sur l'hôpital eussent été finies, si la France
n'eût été frappée de nouveaux malheurs. Paris, insurgé
dès le mois de mars contre le gouvernement national,
essayait de dominer la France entière par la terreur.
Pendant et après le second siége de la capitale, fait par
l'armée française contre la Commune, l'hôpital de Niort
reçut de Versailles et de Saint-Cyr les évacuations
suivantes :

Le 14 avril.	37	malades et blessés.
Le 29 avril.	50	id.
Le 30 avril.	37	id.
Le 16 mai	33	id.
Le 19 septembre.	22	id.
Le 26 septembre.	58	id.
En tout.	237	soldats de l'armée de l'ordre.

Des escouades nombreuses d'insurgés passèrent à la
gare de Niort, dirigées sur les forts du littoral et sur les
pontons ; mais aucun de ces insurgés ne fut placé à
l'hôpital de Niort.

Les convois de Versailles et de Saint-Cyr, faits à de
longs intervalles, ne compensèrent pas les sorties, dont
le nombre augmentait chaque jour, et l'on continua la
réintégration des anciens services civils.

Les hommes, à l'exception des vieillards, c'est-à-dire

des incurables à demeure, rentrèrent dans leur quartier, au milieu du mois de mai, et les jeunes filles reprirent possession complète de leurs salles, dans les premiers jours du mois de juin.

Les vieillards ont conservé, pour eux seuls, le quartier des enfants assistés. Là, ils sont plus isolés, plus à l'aise que dans leur ancien service où ils étaient trop confondus avec les autres malades.

Quant aux jeunes garçons, on leur a approprié un excellent logement, comprenant des dortoirs, un réfectoire et un préau, à l'extrémité des services généraux et près des ateliers de la maison.

Maintenant, bien qu'il reste encore quelques mois à s'écouler avant d'atteindre la fin de 1871, nous pouvons apprécier les résultats de cette laborieuse campagne de philanthropie et de charité, qui a suivi les phases malheureuses de la guerre.

4,554 malades et blessés militaires ont été soignés, tant à l'hôpital de Niort qu'à la succursale des Fontenelles, du 1er septembre 1870 au 31 décembre 1871.

Sur ce nombre, il y a eu 421 décès, soit un peu moins d'un dixième.

Pendant la même période, le total de la population civile de l'hôpital-hospice, y compris le quartier des aliénés, a été de 1,649 individus, parmi lesquels on compte 185 décès, soit un peu plus d'un neuvième.

La proportion des décès est donc un peu plus grande chez les civils que chez les militaires ; mais il faut considérer que la population militaire est continuellement flottante et composée de jeunes individus, tandis que la population civile est en majeure partie sédentaire, ne se renouvelle qu'à la longue, et comprend beaucoup d'enfants et de vieillards.

Au surplus, la proportion des décès civils n'a excédé que de très peu celle de 1868-1869, pendant une période égale de temps.

L'hôpital-hospice de Niort, situé à l'extrémité méridio-

nale de la ville, est pourtant dans des conditions exception-
nelles d'hygiène, d'aération et de salubrité. Les bâtiments
se développent par corps distincts, largement distancés,
au milieu de cours et de jardins d'une étendue de plus de 8
hectares, sans y comprendre les cultures en dehors de
l'enceinte principale de l'établissement.

Les épidémies y ont eu peu de prise : à l'exception de
quelques cas chez les civils et particulièrement chez les
aliénés, où il n'y a eu cependant que 4 décès de varioleux,
les autres cas de variole ont eu lieu chez les militaires,
et presque tous sont venus de l'extérieur.

Circonstance remarquable ! aucune des sœurs, même
de celles qui vivaient dans ce milieu délétère, qui étaient
constamment au chevet des varioleux, donnant à ces
malheureux, tout couverts de pustules, les soins les plus
dangereux, aucune des 48 sœurs de l'établissement n'a
été atteinte par la contagion. Une seule, la sœur Saint-
Floriani, a succombé, le 22 février 1871, à une fièvre
typhoïde, déterminée par un excès de fatigues. Elle était
préposée au service des salles de l'ambulance Sainte-Anne,
où se faisait le mouvement le plus actif des évacuations.

Les sœurs des Fontenelles ont été également épargnées.
L'une des sœurs de cette congrégation, qui avait contracté
la variole dans la maison de Niort, est allée se guérir aux
Fontenelles.

M. l'aumônier de l'hôpital, M. l'aumônier des Fonte-
tenelles et MM. les vicaires de Notre-Dame, qui remplis-
saient alors les fonctions de sous-aumôniers, ont été à
l'abri de toute atteinte, bien qu'ils s'approchâssent
chaque jour des malades et des mourants pour leur donner
les secours de la religion.

Enfin, parmi les frères de la Miséricorde chargés de la
surveillance des aliénés, celui qui paraissait devoir être
le moins exposé de tous, puisqu'il dirigeait les travail-
leurs dans les jardins et dans les champs, a été seul
atteint. Le frère Marie est mort de la variole, le 23

décembre 1870. C'est le dernier des 4 décès des varioleux dans le quartier des aliénés.

Quant à la mortalité qui a frappé les malades et les blessés envoyés de l'armée à l'hôpital de Niort, elle est due à des causes qui se sont manifestées partout. J'en trouve la preuve dans un savant et judicieux rapport de M. le docteur Laveran, placé à la tête du service médical de l'armée du Nord.

« La mortalité, à la suite des grandes opérations « chirurgicales, a été en moyenne de 67 pour 100. Celles « du membre inférieur de près de 74 pour 100 ; celles du « membre supérieur de 59 pour 100.

« Cette mortalité élevée ne saurait être expliquée par « une cause exclusive, par exemple l'accumulation d'un « grand nombre de malades et l'infection des locaux par « l'encombrement, puisqu'elle a peu varié d'une ville à « une autre, des hôpitaux aux ambulances particulières. « Non, il n'est pas possible d'attribuer à une seule « condition hygiénique une mortalité déplorable qui « accuse en même temps l'impuissance de l'art et proclame « ce que la guerre a d'implacable, et de négliger tout ce « qu'il y a eu d'influences mortelles dans les fatigues « excessives de la campagne, dans un hiver des plus « rigoureux, enfin dans l'action dépressive du froid et « du manque d'énergie morale chez des hommes que la « volonté ne soutenait pas toujours ; toutes ont concouru « à accroître la somme de nos pertes et l'étendue de nos « malheurs. »

On frissonne, en parcourant les annales de la chirurgie, lorsqu'on se reporte aux cruelles tortures que subissaient autrefois les blessés.

J'extrais d'un petit volume plein d'intérêt sur les découvertes de l'esprit humain, intitulé Self-help (aide-toi) à quoi la devise française ajoute avec raison : *le ciel t'aidera*, les lignes suivantes :

« Jusqu'au temps de Paré, les soldats blessés avaient
« bien plus à souffrir de l'ignorance de leurs chirurgiens
« que de l'habileté de leurs ennemis. Pour arrêter
« l'hémorrhagie, dans les cas de blessures faites par les
« armes à feu, les chirurgiens avaient recours à l'expé-
« dient barbare de panser les blessures avec de l'huile
« bouillante, de les cautériser au fer rouge, et quand il
« fallait en venir à l'amputation, de la faire aussi avec
« un couteau rougi au feu. Paré, tout d'abord, ne put
« faire autrement que de traiter les blessures selon la
« méthode accoutumée ; mais un jour, l'huile bouillante
« étant venue fort heureusement à manquer, il y substitua
« une application plus douce et plus émolliente. Toute la
« nuit il fut en proie à la crainte d'avoir mal fait, et l'on
« peut se figurer le soulagement qu'il éprouva, lorsqu'au
« matin il vit que les blessés qui avaient été ainsi traités
« étaient comparativement à l'aise et rafraîchis par le
« sommeil, tandis que ceux qu'on avait traités à l'huile
« bouillante étaient, comme de coutume, torturés par les
« plus cruelles souffrances. Telle fut l'origine accidentelle
« d'une des plus grandes améliorations introduites dans
« le traitement des blessures. Mais une amélioration plus
« importante et qui, celle-là, ne dut rien au hasard, fut
« l'emploi de l'aiguille et de la ligature, et la substitution
« de ce mode de lier les artères et d'empêcher l'hémor-
« rhagie au fer rouge, qui avait été employé jusque-là. »

Depuis cette époque éloignée de nous, de grands per-
fectionnements ont été apportés aux instruments et aux
procédés de la chirurgie moderne. L'usage du chloroforme
a permis de rendre les opérations encore plus faciles,
plus rapides et moins douloureuses. Mais aujourd'hui,
comme au temps d'Ambroise Paré, ou plutôt comme
toujours, c'est le chirurgien qui panse, et c'est Dieu seul
qui guérit.

A l'hôpital de Niort, la salle des grands blessés (pour
nous servir de l'expression reçue) était dans les meilleures

conditions de salubrité. Vaste, bien aérée, elle ne contenait qu'un petit nombre de lits suffisamment espacés entre eux. Elle communiquait par un vestibule particulier avec une chambre où l'on avait la précaution d'isoler les cas les plus critiques et les plus dangereux. C'était la salle Notre-Dame de l'ancien quartier des femmes.

Toutes les opérations ont été faites avec la plus grande habileté par M. le docteur Fontant, chirurgien en chef, et ses collègues ; elles ont parfaitement réussi, et les blessés ont survécu aux douleurs de l'extraction des projectiles ou de l'amputation ; mais la plupart ont succombé, assez longtemps après l'opération, aux effets vainement combattus de la résorbtion purulente.

Nous avons appris qu'en certains lieux de bons résultats ont été obtenus, pour la guérison des blessures et contre cette affreuse gangrène qu'on appelle pourriture d'hôpital, en plaçant les blessés, même en hiver, sous des abris en toile ou en planches, dressés en plein champ. Cet essai, qui peut avoir ses inconvénients et ses dangers, n'a point été fait à Niort ; mais les mêmes services ont été rendus à nos blessés par les salles Saint-Joseph et Saint-André, complètement isolées, situées l'une et l'autre à l'extrémité de deux bâtiments différents, et entourées de larges avenues et d'immenses jardins.

Là, j'ai pu apprécier ce qu'il faut d'abnégation et de dévouement aux médecins et aux bonnes sœurs, pour panser ces plaies hideuses et surmonter le dégoût qu'elles inspirent. Quelle reconnaissance leur doivent ceux qui, grâce à leurs soins, ont échappé à cette putréfaction !

Le chiffre des pertes éprouvées, réparti sur toute l'année, est sans doute considérable ; mais, ce qui a tant effrayé la population, c'est que l'immense majorité des décès a eu lieu dans un court espace de temps, pendant les mois de décembre, janvier et février, à l'époque des grandes évacuations de malades et de blessés. On compte, en effet, dans ces trois mois seulement, 298 décès militaires. Du mois de mars jusqu'au 31 décembre 1871, il n'y en a eu que 56, et de septembre à décembre 1870, 67.

Oui, ainsi que l'ont fait ressortir les observations du docteur LAVERAN, ces jeunes soldats, exténués par les fatigues, le froid, les blessures, la maladie, succombaient à des influences fatalement mortelles. L'art le plus consommé, les soins les mieux entendus ne pouvaient ranimer ces hommes abattus physiquement et moralement, qui n'offraient plus d'éléments de résistance, et qui, en un mot, faisaient bon marché de leur vie.

Melius est nos mori in bello quam videre mala gentis nostrœ, disait le chef des vaillants Machabées : Qui de nous, sous les maux qui accablaient la France, n'a partagé ce sentiment d'amer désespoir !

L'hôpital-hospice n'a rien épargné pour procurer à sa population militaire et civile tout ce qui lui était utile. Quel sera le résultat financier de cette gestion ? Nous ne le saurons que lorsque le compte de l'année 1871 sera complètement dressé ; mais on peut augurer, dès à présent, que, malgré la valeur de l'accroissement du mobilier de l'hôpital, il y aura certainement un déficit.

L'administration avait donc raison de demander l'élévation du prix de la journée militaire et, en même temps, une subvention importante. Sans la somme de 5,000 fr. qui lui a été accordée pour installer une succursale aux Fontenelles, l'hôpital eut été constitué en perte par le fait seul de cette création, comme l'a démontré le compte particulier que nous avons donné plus haut.

La demande d'un secours de 15,000 francs faite par l'hôpital de Niort, le 4 octobre 1870, est demeurée jusqu'à ce jour sans résultat, tandis que d'autres établissements ont obtenu des allocations considérables. L'hospice de Tours, par exemple, dont nous avons le budget sous les yeux, a reçu de la ville 3,000 fr. et de la commisssion départementale de secours aux blessés, 21,000 francs.

OCTOBRE, NOVEMBRE ET DÉCEMBRE.

Tout est rentré à peu près dans l'état normal ; chaque service est réorganisé. Il ne reste plus à l'hôpital de Niort que 90 militaires, y compris une évacuation de 31 malades, arrivés des hospices de Bressuire et de Parthenay au commencement d'octobre.

Quand l'orage est passé, l'équipage s'empresse de réparer toutes les avaries du navire. Les temps de houle qu'avait traversés l'hôpital, avaient produit des dégradations qu'il fallait faire disparaître.

La pharmacie gardait les traces du passage des blessés qui s'y pressaient, à leur arrivée, pour les pansements urgents que le voyage avait retardés. Les étagères de l'officine, déjà vieilles et usées, ne tenaient plus. On fut obligé de restaurer complètement cette salle, dont la bonne installation et la propreté irréprochable sont l'indice de la tenue générale d'un établissement hospitalier.

L'administration y a fait placer de grands buffets en bois de chêne, d'un style simple et sévère, faits par les ouvriers de l'établissement. Mme la supérieure a donné tous les bocaux et les flacons qui garnissent ces nouvelles étagères et, par sa générosité, a épargné à l'hôpital une dépense de près de mille francs.

Le déplacement des vieillards a permis de disposer de leur ancien réfectoire pour les ouvriers (du moins à titre provisoire) et d'ajouter au laboratoire de la pharmacie une tisanerie et des magasins, formés par les réfectoires qui servaient précédemment aux repas des ouvriers et des infirmiers.

Ces travaux d'appropriation et d'agrandissement, commencés dans les derniers jours de décembre, seront bientôt terminés. Le service si utile de la pharmacie sera ainsi complété, et il gagnera beaucoup à ces nouvelles dispositions.

Une autre amélioration importante, également en bonne voie d'exécution, c'est la conversion en magasin général de la salle Sainte-Marguerite, créée pendant la guerre, dans les combles du bâtiment des femmes, pour recevoir les évacués de passage à l'hôpital. Le petit magasin qui touche à ces nouvelles galeries était beaucoup trop étroit pour contenir la grande quantité d'objets de literie et de vêture que possède l'établissement. Ce service sera bientôt l'un des plus convenables et des mieux organisés de l'hôpital. Un double accès y sera ménagé pour la section des hommes et celle des femmes.

Et la picotière!... — me disait-on, l'autre jour — *qu'est-elle devenue?* L'antique véhicule de l'hôpital, qui datait de vingt ans au moins, déjà bien décrépit avant la guerre, est tombé en lambeaux. Sa forme extérieure de voiture cellulaire, et ses bancs placés transversalement comme ceux des rameurs, lui donnaient un cachet singulier dont on conserve le souvenir. Depuis qu'il avait servi au transport des varioleux, personne n'osait plus y monter; ses avaries étaient d'ailleurs irréparables. Il a été remplacé, au mois d'août 1871, par un grand omnibus dans le genre de ceux de Paris.

Il faut voir, les jours de promenade à la campagne, les aliénés monter gaiement dans l'intérieur et jusque sur la plate-forme de cet omnibus, qui rappelle aux pensionnaires qui nous viennent du département de la Seine les jours heureux où ils circulaient librement dans Paris et ses environs. S'ils pouvaient revoir ces lieux, quels désolants vestiges de ruine et de dévastation ils y trouveraient aujourd'hui !

Et maintenant que j'ai fidèlement retracé tous les faits accomplis à l'hôpital-hospice de Niort, pendant cette ère funeste de guerre, de révolution et de malheurs, dont la France n'est pas encore délivrée, il me reste un devoir à remplir envers ceux que j'ai vus courageusement à l'œuvre.

MM. les docteurs Fontant, Gauné, de Meschinet, Tonnet, Eymer et Chebrou, ont reçu chacun de la commission ce témoignage de gratitude et de remerciement :

« L'administration hospitalière vous remercie du « concours dévoué que vous avez bien voulu lui prêter « pendant le temps où la guerre et les maladies épidé- « miques ont rempli l'hôpital-hospice de Niort de malades « et de blessés.

« Le zèle infatigable que tout le personnel médical de « l'établissement a déployé, dans ces circonstances « douloureuses, mérite la reconnaissance publique. »

M. Limouzain, pharmacien de l'hôpital, a dirigé, nous devons le répéter ici, les sœurs chargées du service de la pharmacie, avec un soin et une vigilance dignes d'éloges.

M. Potel, employé comme interne à l'ambulance des Fontenelles, a donné aux infirmiers placés sous ses ordres un excellent exemple et une bonne direction.

Il appartenait à l'autorité supérieure et au gouvernement de donner des témoignages plus éclatants de la reconnaissance publique au personnel médical de l'hôpital-hospice de Niort, dont la conduite a été pleine de zèle et de désintéressement.

Nous ignorons si tous les médecins de l'établissement ont reçu, soit de l'autorité départementale, soit de l'administration de l'intérieur, soit de l'administration de la guerre, un témoignage quelconque de satisfaction ; mais du moins la carrière de M. Gauné, si honorablement remplie, a obtenu le couronnement mérité par ses longs et excellents services et son dévouement pendant la guerre. Au mois d'août 1871, il a été nommé chevalier de la Légion-d'Honneur.

M. Alphonse Frappier, membre de la commission

administrative depuis 44 ans (le doyen, sans doute, de tous les administrateurs de France), chevalier depuis 1840, a remis solennellement à M. Gauné la décoration de la Légion-d'Honneur, comme il l'avait fait en 1869 à M. le docteur Fontant.

— M. le docteur de Meschinet, chirurgien-adjoint de l'hôpital, ancien chirurgien de la marine et médecin des épidémies dans les Deux-Sèvres, est décoré depuis long-temps. —

Tout le personnel religieux, administratif et médical de l'établissement assistait à cette cérémonie, qui eut lieu à l'hôpital, le 25 novembre 1871, sous la présidence de M. Frappier. M. Alfred Monnet, ancien maire de Niort, actuellement député des Deux-Sèvres, était venu se join-dre aux membres de la commission administrative. Après avoir adressé à M. Gauné une touchante allocution et les paroles sacramentelles (7), l'honorable président remit la croix aux mains de Mᵐᵉ la Supérieure, qui, sur son invi-tation, l'attacha elle-même sur la poitrine du nouveau chevalier.

Comme l'on disait à cette digne religieuse : « *Cette croix, vous l'avez aussi méritée,* » elle répondit, en montrant son crucifix : « *J'aime mieux la mienne.* » C'est là le secret de cette vie de renonciation et de dévoue-ment que peuvent seules inspirer les vertus chrétiennes, et que la philanthropie ne saurait égaler. Dans le monde, les grands sacrifices et les nobles actions n'ont le plus souvent pour mobile que l'inspiration du moment ou le désir d'honorer son nom et sa mémoire ; mais les immo-lations silencieuses et cachées, de chaque jour, ne sont inspirées que par un profond sentiment religieux.

Dans cette œuvre de charité, tout le monde a fait son devoir. J'ai dit le sublime dévouement des sœurs et des aumôniers, pendant ces jours de souffrance et de deuil. M. l'abbé Bontemps, qui avait montré un zèle si empressé auprès des varioleux des Fontenelles, a été nommé par Monseigneur l'évêque de Poitiers, second aumônier à l'hôpital de Niort. MM. les vicaires de la paroisse Notre-Dame s'étaient acquittés de leur mission à l'hôpital avec le même empressement et le même courage, et l'administration les en a vivement remerciés (8); mais depuis longtemps la nécessité d'un second aumônier spécial avait été reconnue, et les événements ont fait ressortir davantage encore cette nécessité.

Les fonctionnaires de l'administration, MM. Gandouet et Nocquet, receveur et économe de l'hôpital, ont été accablés par un travail difficile et compliqué de détails, auquel ils ont consacré tous leurs instants et souvent leurs veilles. M. Ravant les a parfaitement secondés pour la gestion des Fontenelles.

Les frères de l'asile, les ouvriers de la maison ont prêté, pour l'aménagement des services et le transport des blessés, un concours qui n'a jamais fait défaut à l'administration. Le frère *Marie*, de la Miséricorde, est mort de la variole; le chef jardinier, *Constant Pilard*, attaché à l'hôpital depuis 1848, qui a aidé activement aux travaux intérieurs et au transport des blessés, a succombé à une fièvre typhoïde. Leur mémoire mérite ce souvenir.

Je voudrais pouvoir citer aussi, parmi les infirmiers, ceux qui ont rendu de véritables services; mais ce personnel est malheureusement beaucoup trop changeant. En général, cependant, ils se sont acquittés convenablement de leur devoir, et ceux qui ont été choisis parmi les militaires convalescents ont eu de bons soins et des attentions pour leurs compagnons d'armes.

Faut-il que, par un scrupule intime et personnel, j'oublie de parler des administrateurs, mes collègues et mes amis? Non, l'écrivain doit être juste pour tous. Je m'efface donc complètement, et, en narrateur exact et impartial, je rends justice :

Aux éminents services de M. Alfred Monnet, comme maire de Niort et président de la commission hospitalière;

A la profonde expérience, au zèle longuement éprouvé

de M. l'ordonnateur de l'hôpital, que ni l'âge, ni les pei-
nes, ni les dangers pour sa santé affaiblie n'ont arrêté
dans l'accomplissement de ses fonctions ;

A l'infatigable et courageuse activité du principal orga-
nisateur des services hospitaliers si merveilleusement
improvisés, qui n'a connu, lui aussi, ni obstacles, ni
ménagements, et qui s'est consacré tout entier à cette
œuvre patriotique ;

Au concours de lumières et de dévouement que les deux
autres administrateurs ont apporté aux délibérations et
aux travaux de la commission.

La reconnaissance publique a nommé MM. Alphonse
Frappier, Henri Giraud, Demay et Potier. Je suis heureux
de joindre mon témoignage à celui de nos concitoyens.

Rendons aussi, à la charité privée, l'hommage qui lui
est dû ; elle a grandi avec les épreuves et les besoins de
la patrie. On a vu les sociétés de secours aux blessés
envoyer sur les champs de bataille de nouveaux croisés,
qui disputaient à la mort les victimes tombées dans la
lutte et prodiguaient leurs dons et leurs soins aux malades
et aux blessés. Partout, des ambulances particulières ont
été créées et administrées par des citoyens dévoués ; des
dames se sont faites sœurs de charité, et l'Impératrice,
— soyons justes et reconnaissants, surtout envers le
malheur ! — a donné, comme toujours, le glorieux
exemple de la bienfaisance, en se plaçant elle-même à la
tête de cette sainte croisade, entreprise, dès le début de
la campagne, pour venir au secours de nos soldats. Dans
cet élan généreux, la ville de Niort n'est pas restée en
arrière des autres cités : des ambulances provisoires y
ont été rapidement et confortablement organisées ; les
médecins leur ont apporté la plus active coopération,
avec un noble désintéressement (9).

Mais la guerre a laissé, dans les familles, des orphelins,
des vides, des deuils et des misères. La charité publique
et la charité privée unissent leurs efforts pour venir en

aide à ces souffrances et à ces douleurs, qui sont les plus profondes et les plus difficiles à soulager.

Enfin, tous les cœurs français conservent pour les compatriotes dont nous sommes séparés, pour les provinces que le sort malheureux dès combats nous a arrachées, des sympathies qui ne s'éteindront jamais, et l'espoir de resserrer des liens que la domination étrangère ne parviendra pas à briser.

Il est impossible qu'une nation qui, malgré la perturbation profonde et les atrocités barbares qui ont ensanglanté l'année 1871, possède tant d'éléments de vie et de moralité, soit abandonnée de Dieu et condamnée à déchoir du rang qu'elle a conquis dans le monde. La philosophie de l'histoire, ce haut enseignement des siècles, nous apprend qu'il y a dans l'existence de l'humanité, comme dans celle de l'homme pris isolément, des époques néfastes et critiques, qu'il faut traverser pour arriver à des temps plus calmes et meilleurs, et que la vitalité morale des peuples se retrempe dans l'adversité.

La France, espérons-le! sortira de ses dures épreuves, relevée et fortifiée pour un long avenir de prospérité. Puissent de nouvelles pages douloureuses ne pas s'ajouter à celles que nous venons d'écrire!

NOTES ET PIÈCES

Nº 1.

COUP D'ŒIL SUR L'HOPITAL-HOSPICE DE NIORT.

Dans le langage usuel, les mots *hospice* et *hôpital* sont généralement employés l'un pour l'autre, bien qu'ils aient chacun une acception administrative différente.

L'hôpital est le lieu où sont reçus les malades indigents. L'hospice est le refuge, l'asile où sont admis et entretenus les vieillards, les infirmes incurables, les orphelins, les enfants trouvés et abandonnés.

Lorsque le même établissement a cette double destination, il est un hôpital-hospice. (*Instruction ministérielle et règlement du 31 janvier* 1840).

Cette dernière désignation est celle qui appartient à l'établissement charitable de Niort. Outre les malades civils, les vieillards et les incurables (hommes et femmes), les enfants assistés de l'un et l'autre sexe, il comprend un quartier militaire et un quartier d'aliénés très-important, un établissement hydrothérapique et une maison de santé. Sa population ordinaire est d'environ huit cents personnes.

L'introduction des *Filles de la Sagesse* à l'Hôpital-général de Niort, érigé, en 1665, par le duc de Navailles, sous le titre du Saint-Esprit, date de l'année 1729. Cette congrégation a été fondée en 1720, à Saint-Laurent-sur-Sèvre, bourg qui fait partie du département de la Vendée. Elle est vouée par ses statuts au soin des malades indigents et à l'enseignement des pauvres.

Qui ne connaît les *Sœurs Grises* ?... Sous cet habit

religieux, qui rappelle celui d'une humble servante, se cachent souvent des femmes distinguées par leurs qualités naturelles, par l'éducation et l'instruction qu'elles ont reçues, et toujours des cœurs d'élite animés de la charité la plus vive.

A l'hôpital de Niort, non-seulement les *Filles de la Sagesse* sont préposées au service des salles, mais les magasins, la pharmacie, le bureau des entrées de tout le personnel civil et militaire sont aussi confiés à leurs soins. Les notes consignées par les inspecteurs généraux sur les registres de l'établissement, constatent la tenue parfaite de ces registres et de la comptabilité qu'ils servent à établir.

Quant aux vertus hospitalières de ces bonnes sœurs, les faits en révèlent plus que mes paroles : elles sont au-dessus de tout éloge.

Dans le quartier des aliénés, ce sont des *Frères de la Miséricorde*, dont l'institut est à Montebourg (Manche), qui sont chargés de la surveillance de la section des hommes et de la direction des infirmiers. Ces frères s'acquittent de leur mission délicate et difficile avec une vigilante sollicitude, qui est pour l'administration et pour les familles une garantie des égards et des bons soins dont sont entourés les aliénés. Il est inutile de dire qu'un médecin aliéniste distingué est placé à la tête de cet asile.

L'hôpital-hospice de Niort est un des rares établissements où se trouvent réunies, sous une seule administration et dans une même enceinte, toutes les catégories de souffrances humaines que la charité publique est appelée à soulager. Il mérite qu'on jette un coup d'œil sur son ensemble et sa distribution générale.

Sous le porche d'entrée, élevé en 1852, les armoiries du fondateur et des inscriptions rappellent l'origine de l'hôpital et les dates de la construction des divers bâtiments qui y ont successivement été ajoutés. D'un côté

sont la porterie, les salles d'attente, les parloirs, le cabinet de Mme la supérieure et celui des médecins ; de l'autre
côté, le bureau des sœurs et le cabinet de l'administrateur
de service.

Une grande avenue intérieure sépare l'établissement en
deux parties principales. A droite se trouve la section des
hommes, placée dans l'ancien couvent des Hospitalières,
dont les trois ailes entourent la cour des cloitres. Cette
cour n'a point de bâtiment ni de clôture au levant ; des
jardins d'agrément et des ombrages prolongent dans cette
direction l'espace laissé libre à la circulation des malades.

A gauche de l'avenue, s'étendent la section des femmes
et des enfants assistés, l'hydrothérapie et la maison de
santé. C'est dans cette partie que l'hôpital général a pris
naissance et s'est développé jusqu'en 1801, époque à
laquelle l'ancien couvent des Hospitalières lui a été réuni
par une cession de l'État, et lui a donné une extension
considérable.

Mais ne sortons pas de la section des femmes !... Cette
vieille maison, premier berceau de l'hôpital, qui conserve
encore son escalier à vis et sa tourelle, était le logement
de la sainte fondatrice et première supérieure de la
congrégation des *Filles de la Sagesse* et de ses compagnes.
Aujourd'hui, ce sont les filles perdues qui occupent cette
maison, à laquelle se rattachent de si chers souvenirs :
espérons qu'elle recevra tôt ou tard une autre destination ! Dans la cour de ce quartier *Saint-Lazare*, au lieu
même où un magnifique saule pleureur projette ses
branches jusque sur la route Saint-Jean, s'élevait la
chapelle de l'hôpital, longue *de septante pieds et large
de trante*, ainsi que nous l'apprend une curieuse relation
de 1683.

La chapelle des *Hospitalières*, plus convenable pour
l'établissement, fit délaisser, plus tard, cette ancienne
chapelle, qui fut démolie en 1844, pour agrandir le
bâtiment actuel de la Maternité.

L'avenue principale dont nous parlons est bordée, de

l'un et de l'autre côté, par les services généraux et les ateliers de l'hôpital-hospice, jusqu'à la place circulaire du jet d'eau, que nous pourrions appeler le rond-point des Champs-Elysées, car, en cet endroit, les jardins de l'hôpital ont vraiment un aspect délicieux. Ce n'est pas un arc-de-triomphe qui forme le fond du tableau, mais un calvaire majestueux, dont la croix domine cet asile de la douleur.

Une autre avenue, qui part de ce rond-point, traverse à droite les jardins et conduit à l'asile des aliénés, établissement modèle, construit en 1853, sur les plans que M. l'inspecteur général PARCHAPPE a fait dresser par M. PHILIPPON, architecte, d'après ses données et ses propres inspirations, et qui figure comme spécimen dans l'ouvrage publié par ce célèbre docteur aliéniste. Ce quartier a son entrée particulière et principale sur la rue de NAVAILLES, créée en même temps que lui par l'hôpital-hospice.

Des chemins de ronde entourent l'asile et communiquent par un tunnel avec de vastes cultures entièrement closes, qui s'étendent dans la campagne jusqu'aux abords du chemin de fer.

La chapelle de l'hôpital n'offre rien de remarquable au point de vue architectural. Ce monument, dont l'extérieur est des plus simples, a été restauré intérieurement en 1867. M. Louis GERMAIN, peintre niortais, amateur profondément artiste, a orné cette chapelle de deux tableaux qui font le plus grand honneur à son talent et à sa libéralité. Ce sont, à nos yeux (peut-être un peu prévenus en faveur de l'hôpital), les plus belles pages que le pinceau de M. GERMAIN ait tracées jusqu'à ce jour dans les églises de Niort.

L'*Adoration des Bergers* et *le bon Samaritain* sont des sujets bien choisis et admirablement traités. La parabole du *bon Samaritain* est rendue d'une manière dramatique et saisissante. Dans ce beau ciel d'Orient la perspective

est bien ménagée : le blessé tout sanglant que le bon
Samaritain s'efforce de rappeler à la vie, et le coursier
arabe attendant son précieux fardeau, dont l'œil intel-
ligent observe cette scène horrible et touchante à la
fois, ressortent parfaitement sur le premier plan. On
aperçoit, dans le lointain, la ville et la montagne et les
honteux personnages qui ont méconnu le noble sentiment de la charité.

L'*Adoration des Bergers* est une œuvre, sinon plus
difficile que la première, du moins plus grande, plus
compliquée et de plus haute conception. Pour bien juger
du mérite et de la beauté de ce tableau, qui garnit tout
le fond de la chapelle, il faut le voir lorsqu'il est bien
éclairé par les illuminations de l'autel. Tous les personnages s'y détachent, avec l'expression particulière que
le peintre a su donner à chacun d'eux, et l'effet en est
alors plus éclatant.

La Sainte-Vierge est admirable d'expression maternelle
et de candeur. Saint-Joseph est debout, dans une attitude
de contemplation, simple et digne. La pose de l'Enfant
Jésus est bien trouvée ; elle le fait ressortir comme centre
d'attraction des regards de tous les personnages qui sont
en adoration devant le Messie. L'ange qui laisse tom-
ber des fleurs au pied du berceau est une heureuse
inspiration : — hélas ! viendront plus tard les épines...

Ce tableau est peint sur une toile immense, tendue et
fixée sur un appareil de charpente, qui peut être détaché
du mur, replié sur lui-même et déplacé au besoin.

M. GERMAIN a peint, en outre, sur les pans coupés de
la nef, des panneaux qui représentent SAINT LOUIS, SAINTE
RADÉGONDE, SAINT CHARLES BORROMÉE et SAINTE ELISABETH DE
HONGRIE.

Les peintures décoratives, qui ornent les murs autrefois
si nus de la chapelle et donnent tant de relief aux
œuvres de M. GERMAIN, sont dues aux dessins ingénieux
et au pinceau habile de M. LECOQ D'ARPENTIGNY, peintre

distingué de Paris, que ces travaux ont appelé à Niort et qui est devenu notre concitoyen.

Au centre de la rosace qui éclaire la chapelle, au midi, s'étalent les armes du maréchal duc de Navailles. Les vitraux latéraux de la nef ont été offerts par M. Alphonse Frappier et Mme Laidain de la Bouterie. L'un de ces vitraux représente *l'Eucharistie* et l'autre *les Vertus théologales*. Toutes ces verrières, y compris la rosace en grisaille du chœur, viennent des ateliers de M. Gustave Drouin, peintre-verrier à Rouen.

Les frais de la restauration de la chapelle de l'hôpital ont été couverts en grande partie par les dons généreux des bonnes sœurs de la Sagesse et de personnes pieuses de la ville. Mme de la Bouterie a payé, à elle seule, tout le pavage du chœur.

On remarque, dans la chapelle latérale où est le chœur des sœurs, trois grands tableaux. Celui qui est suspendu au-dessus des stalles du fond est une copie bien réussie de l'un des chefs-d'œuvre de Paul Véronèse, *le Portement de Croix*. Elle est signée *Hénault Seron*, et a été obtenue pour l'hôpital, en 1844, de M. Duchatel, ministre de l'intérieur, par M. Ferdinand David, alors maire de Niort et député des Deux-Sèvres.

Le tableau, moins grand, mais plus précieux, placé au-dessus de la porte d'entrée de cette chapelle, est une *Sainte-Famille*, original attribué à *Mignard* (probablement *P. Mignard, dit le Romain*, le plus célèbre des deux frères). Il provient sans doute de l'ancienne chapelle dont nous avons parlé plus haut, à laquelle les dames de Niort firent des dons précieux, lors de son inauguration, en 1683. Peut-être même a-t-il été donné par la famille de Navailles, qui assistait à cette cérémonie, ou par Mme de Maintenon.

La duchesse de Navailles aimait les beaux-arts. Les statues des tombeaux de sa famille, qu'elle a fait ériger dans l'église Notre-Dame de Niort, vers 1684, sont du

célèbre sculpteur Girardon, dont le plus beau chef-
d'œuvre est, on le sait, le magnifique tombeau du cardinal
de Richelieu, exécuté sur les dessins de Lebrun.

Quelle que soit l'origine de ce tableau, elle est fort
ancienne ; il est vieux, endommagé par le temps, a déjà
subi des retouches maladroites, et il a grand besoin
d'une habile et sérieuse restauration.

Le troisième tableau, fixé entre les deux croisées,
représente *le Christ en croix*. Il est de dimension beaucoup trop haute pour le local où il se trouve, et ferait
sans doute meilleur effet dans une vaste église et à un
point de vue plus élevé. Il porte la signature *J.-H. Tahan*,
avec la date de 1826. Le corps du Christ a un mérite réel
et frappant, et, sans vouloir faire injure au talent de
l'auteur, nous croyons que cette partie essentielle du
tableau est une copie.

M. Jean-Hubert Tahan était un peintre d'origine fla-
mande, élève de David, qui a résidé assez longtemps à
Niort et y est mort en 1843. Sa galerie, fort nombreuse,
a été vendue après son décès. Le musée de Niort possède
(nous a-t-on dit) un saint Lambert de cet auteur. Le
tableau qui se trouve dans la chapelle de l'hôpital est
venu remplacer le beau Christ en bronze du tribunal,
qui, lors de la Révolution de 1830, a été transporté dans
cette chapelle et y est resté pendant plusieurs années.

Les richesses artistiques que nous venons de décrire
rendent la chapelle de l'hôpital digne de la majesté du
culte et d'un grand établissement qui contient une communauté religieuse importante. C'est le lieu de prédilec-
tion où les malheureux viennent, au pied de l'autel,
chercher des consolations, où les sœurs puisent, dans le
recueillement et la prière, un peu de repos et la force
morale d'accomplir avec tant de dévouement leur sainte
mission. Il est toujours ouvert aux fidèles à l'heure des
offices, et il est souvent visité par les habitants de Niort
et par les étrangers qui parcourent notre ville.

Nous bornons là nos indications générales ; l'historique du mouvement hospitalier de 1870-1871 initiera suffisamment le lecteur aux détails de tous les services intérieurs de l'établissement.

No 2.

Les publications connues sur l'hôpital-hospice de Niort
sont les suivantes :

1° Une Notice historique de M. Alphonse Frappier, admi-
nistrateur-ordonnateur de cet établissement, lue à la
Société de Statistique du département des Deux-Sèvres
en 1846, et imprimée avec appendice en 1847, à Niort,
chez Robin et Cⁱᵉ.

Cette notice se trouve dans les *Mémoires de la Société
de Statistique.* Elle a été reproduite dans l'Annuaire de
1850, imprimé à Niort, par Morisset.

2° Un Rapport fait à la même Société par M. Alphonse
Frappier, sur un document imprimé en 1683, intitulé :
Relation du rétablissement de l'Hôpital-général de Niort.

Ce rapport, contenant le texte même du document, a
été publié également dans les *Mémoires de la Société de
Statistique,* imprimés par L. Favre et Cⁱᵉ.

3° *Les Frères de la Charité à Niort,* par le même
auteur (même imprimerie).

4° Une Notice, publiée par Prosper Casimir, administrateur de l'hôpital-hospice de Niort, dans la *Revue de
l'Aunis, de la Saintonge et du Poitou* (année 1867), sous
ce titre : *Un autographe du maréchal duc de Navailles,
fondateur de l'hôpital général de Niort.*

La lettre autographe dont il est question dans cette
notice, adressée par le duc de Navailles, le 12 janvier
1681, à M. le président Jouslard de Fontmort, l'un des
premiers administrateurs de l'hôpital, emprunte une
valeur historique à l'article biographique sur la marquise

du Caylus, publié quelques mois plus tard dans cette revue par M. le vicomte de Lastic-Saint-Jal.

Il résulte, en effet, du rapprochement de ces deux publications, que le *troupeau* que le duc de Navailles félicitait Mᵐᵉ de Fontmort *d'avoir conduit fort heureusement*, se composait : de Mˡˡᵉ de Mursay, qui devint comtesse du Caylus ; — de M. de Sainte-Hermine ; — de Mˡˡᵉ de Sainte-Hermine, qui devint comtesse de Mailly ; — et de Mˡˡᵉ de Cumont, qui devint comtesse de Mornay. Ces quatre petits-enfants de la marquise de Vilette appartenaient à la religion protestante et étaient conduits par leur tante, Mᵐᵉ de Fontmort, à leur proche parente, Mᵐᵉ de Maintenon, pour opérer leur conversion.

Dans une lettre du mois de mars suivant, Mᵐᵉ de Maintenon répondait aux plaintes du marquis de Vilette : « Ne « veuillez point de mal à Mᵐᵉ de Fontmort, mon cher « cousin, et pardonnez-lui, pour l'amour de Dieu et pour « l'amour de moi, une chose qu'il était difficile qu'elle « refusât à sa religion et à notre amitié. Elle a cru, en « tout, rendre un grand service à vos enfants ; elle vous « aime tendrement ; achevez de tout faire de bonne « grâce.

« Je ne vous réponds pas sur ce que vous me deman- « dez votre fille ; jugez vous-même si, ayant fait une « violence pour l'avoir, je ferais encore la sottise de la « rendre. Donnez-moi plutôt les autres, par amitié pour « eux, puisque, aussi bien, si Dieu conserve le roi, il n'y « aura plus un huguenot dans vingt ans..... »

Ces paroles faisaient déjà pressentir la révocation de l'édit de Nantes, à laquelle Mᵐᵉ de Maintenon contribua de toute son influence sur l'esprit de Louis XIV.

L'hôpital conserve précieusement, dans la salle du conseil des administrateurs, le portrait du maréchal duc de Navailles, et la lettre autographe de cet illustre fondateur, du 12 janvier 1681, donnée à l'établissement par MM. Théophile et Alphonse Frappier.

5° Le compte-rendu de la cérémonie religieuse, qui a eu lieu à l'hôpital-hospice de Niort, le 14 septembre 1863, à l'occasion de l'érection d'un calvaire et d'un chemin de croix, dans les jardins de l'établissement.

Nous croyons devoir reproduire ici cette relation intéressante, qui a été publiée dans un journal de Niort, et qui mérite d'être conservée.

Extrait de la Revue de l'Ouest *du 17 septembre* 1863.

« ..... Et comme les plus prétieux meubles sont les vases
« sacrez, quand on eut presché pour cette sorte d'aumosne, et
« proposé l'exemple des dames israëlite dans le désert, toutes
« celles de Niort donnèrent leurs joyaux d'or et d'argent.....
« De tout cela fondu, on eust des lingots qui furent la
« matière d'un calice, d'un ciboire et d'un soleil fort considéra-
« bles. Parmi les pierreries qui sont autour du soleil, on y a
« mis le diamant d'une dame vertueuse qui est estimé cent
« francs, et on a gravé cette inscription sur les pieds de
« ces vases sacrez : *Faict des joyaux que les dames de Niort*
« *ont donnés à l'hôpital général, l'an 1683.* »

A cette belle page de l'histoire de Niort, nous pouvons en ajouter une nouvelle. 180 ans après cet élan de charité chrétienne, un calvaire et un chemin de croix viennent d'être érigés dans le même établissement, agrandi et embelli, et c'est encore la contribution généreuse des habitants qui a permis d'élever ce monument à la religion. Les souscripteurs de tous rangs et de toutes classes ont été nombreux ; chacun a donné selon ses ressources ou sa fortune. Les dames ne se sont point, il est vrai, dépouillées de leurs bijoux, mais elles se sont empressées de verser leur argent, et l'une d'elles, vénérable entre toutes, que les pauvres sont habitués à bénir, a, comme la dame vertueuse dont parle la chronique, fourni le plus beau diamant de cette couronne, l'admirable modèle du Christ expirant.

La croix sur laquelle les malheureux pourront maintenant contempler l'image de la résignation et de la douleur,
de tous les points de ce vaste asile, est le don d'un administrateur qui lui a déjà consacré plus de trente années
de son existence. L'œuvre entière, que le clergé de Notre-
Dame et celui de l'hospice ont bénite solennellement,
lundi dernier, a été conçue et dirigée par un autre membre de l'administration, qui a voué, aussi lui, depuis
longtemps, son activité, son intelligence et son cœur au
soulagement de toutes les misères.

Nous ne prononcerons pas ici ces trois noms qui sont
unis dans la reconnaissance et le souvenir de tous.

Que de changements et d'améliorations se sont opérés
pendant le cours de deux siècles dans l'hospice de
Niort !..... Le predicateur de 1683, faisant appel à la
charité publique pour relever l'établissement fondé en
1665 par le duc de Navailles, avait pris pour texte de son
sermon, ces paroles de l'Ecriture qu'il appliquait à la
demeure des pauvres : *terribilis est locus iste !* En 1863,
du pied de la croix qui vient de s'élever, une voix vibrante
et sympathique retentit au-dessus de la foule agenouillée.
L'orateur sacré est un jeune prêtre plein d'enthousiasme
et d'éloquence. Ecoutons la description qu'il fait de la
ville et de l'hospice de Niort :

« Peuple de Niort, vous pouvez être fier de votre ville ;
« au sein d'un département remarquable entre tous par
« la fertilité des plaines, la variété de ses produits et la
« beauté de ses paysages, votre cité s'assied comme une
« reine ; deux collines lui servent de trône ; un beau
« fleuve aux eaux profondes et silencieuses baigne ses
« pieds ; d'immenses jardins aux fruits exquis l'environ-
« nent comme une couronne de fleurs ; un peuple tran-
« quille habite ses demeures. J'aime la voir avec ses
« grandes rues, son vieux château, son église gothique,
« son gai commerce. Vraiment elle possède dans son
« sein toutes les ressources de la civilisation.

« Quand l'étranger la voit pour la première fois, il ne
« peut s'empêcher de dire : oh ! qu'elle est belle !... Pour
« moi, dès que je la vis, je l'ai aimée, mais je l'aime
« encore plus maintenant, car elle vient d'ajouter à sa
« couronne une perle précieuse. Ce calvaire, avec son
« entourage, n'est-il pas le plus beau diamant de la cou-
« ronne de Niort ! Voyez plutôt vous-mêmes, s'il est pos-
« sible d'imaginer rien de plus gracieux : ces fontaines
« qui tombent en cascades sur les roches mousseuses,
« ces plantes, ces arbres, ces ruisseaux, ces allées
« ombreuses où la prière rendue facile s'envole au ciel
« avec le doux parfum des fleurs...

Ce n'est plus le *terribilis est locus iste ;* quel contraste
de ces lieux avec ce qu'ils furent autrefois !

« Oh ! qui donc, — continue l'orateur, — peut mieux
« comprendre la croix que ceux qui souffrent ! Vieillards
« accablés sous le lourd fardeau de la vie, vous viendrez
« au pied du calvaire saluer l'espérance chrétienne, et,
« réveillant vos forces défaillantes, vous monterez ici
« pour sourire à l'immortalité. Les petits enfants, qui
« n'ont jamais connu le nom sacré du père, ni les douces
« caresses de la mère, viendront ici pleurer au pied de la
« croix, car comment ne pas pleurer quand on n'a pas de
« mère? Anges de ces lieux, vous que la voix du pauvre
« appelle ma bonne sœur, vous viendrez puiser ici force
« et courage, à l'heure solennelle du sacrifice, heure qui
« sonne souvent pour vous ! L'égaré de l'intelligence
« viendra s'asseoir ici, et peut-être que la vue de son
« Sauveur lui rendra les douces visions de son enfance.

« Soldat, brave enfant de notre France, tu viendras te
« rappeler la parole que t'a dite ta mère, quand tu dor-
« mais tout petit dans ses bras : la croix te donnera la
« vaillance en te faisant penser au ciel !

« Et vous, pécheurs, vous qui avez si souvent offensé
« la sainteté de Dieu, quand le remords vous poursuit et
« chasse le sommeil de vos paupières, quand le désespoir
« vous saisit en entendant cette terrible sentence : *Dieu*

« ne peut habiter avec les impurs, vous viendrez prier
« ici ; car c'est ici l'image du Dieu qui pardonne, c'est l'i-
« mage du Dieu qui est mort pour les pécheurs... c'est là
« que, guidés par la reconnaissance, vous prierez pour
« les administrateurs zélés qui se donnent tant de peine
« pour vous. Vous prierez surtout pour celui qui a su
« donner tant de charmes au séjour de toutes les douleurs,
« pour cet homme modeste dont je voudrais faire l'éloge
« si, chaque jour, je ne l'entendais redire par les bouches
« éloquentes des pauvres et des orphelins. »

Nous nous bornons avec regret à citer ces passages
touchants d'une œuvre qui ne peut trouver place ici tout
entière, et que l'analyse affaiblirait. Il ne nous appartient
pas non plus de toucher à la partie vraiment sacrée du
sujet. M. l'abbé Albarel l'a traitée avec une hauteur de
pensée, de sentiment et d'expression remarquables. Il a
posé ainsi lui-même, dans son exorde, la base de son
discours : « Tout ce que je vois m'étonne et me saisit ; ce
« temple immense, qui n'a d'autres bornes que l'espace
« et d'autre voûte que le ciel ; ce séjour enchanteur où
« l'art a si bien travaillé qu'on le prendrait pour l'œuvre
« de la nature, cet auditoire nombreux au milieu duquel
« j'aperçois ce que la cité niortaise a de plus distingué
« parmi ses administrateurs, ses orateurs et ses magis-
« trats ; la majesté incomparable de cette cérémonie, tout
« cela est si grand, et je me sens si petit et si peu habitué
« à porter la parole dans les illustres assemblées, que je
« suis presque épouvanté de la tâche que l'on m'a confiée.
« Cependant, comptant sur la grâce de Dieu et sur votre
« bienveillance, je vous dirai brièvement l'influence de la
« croix sur les destinées du monde, et en particulier sur
« la formation de notre cité. »

On comprend les sublimes développements que com-
porte un tel sujet, qui se résume en ces termes : *stat crux
volvitur orbis*. Le prédicateur nous a montré la croix civi-
lisatrice, arbre de vie et de liberté, groupant les popula-

tions autour d'elle, et chassant partout l'oppression et la barbarie.

La cérémonie, commencée à une heure et demie, n'a fini qu'après 5 heures du soir. La chapelle n'était pas assez grande pour contenir tout le monde qui se pressait à ses abords ; mais, dès que la bénédiction des tableaux du chemin de croix fut terminée, on ouvrit les grandes portes de l'hospice, et l'avenue du Calvaire s'emplit, jusqu'aux premières grilles latérales, de tous ceux qui n'avaient pu être au nombre des élus.

Pour avoir une idée de l'éclat de cette fête, il faut se représenter, défilant au milieu des jardins et des squares, sous un soleil radieux, cette longue procession, en tête de laquelle le christ et les tableaux de la Passion étaient portés par des frères de la Miséricorde, des ouvriers, des soldats et par les pauvres malades qui avaient encore la force de prêter leurs épaules à ce noble fardeau. Les traits et la blancheur de ce beau christ en fonte, de grandeur plus que naturelle, se détachaient admirablement sur une magnifique housse de velours pourpre relevé d'or, qui recouvrait-le brancard porté par dix frères de la Miséricorde. La musique des lanciers, qui suivait la procession, alternait avec les chants du clergé, et faisait entendre des marches empreintes d'un caractère solennel et religieux.

Tout s'est accompli parfaitement et dans le plus grand ordre, au milieu du recueillement général. Les ouvriers de l'établissement ont placé le christ sur la croix et ont fait fonctionner avec une promptitude et une adresse remarquables l'appareil qui a dressé dans les airs l'instrument de supplice devenu le signe de notre rédemption. Les tableaux du chemin.de croix ont été aussi rapidement fixés aux diverses stations.

La procession est ensuite retournée à la chapelle, où a été donnée la bénédiction du Saint-Sacrement.

C'est à M. l'aumônier de l'hospice que revient l'honneur

d'avoir si bien préparé et dirigé cette magnifique cérémonie. Dès le commencement, il en a tracé le programme
dans une courte et touchante allocution, et a adressé de
vifs remerciements à tous les coopérateurs de cette œuvre
chrétienne. Qu'il permette, à son tour, qu'on lui rende ici,
publiquement, l'hommage qui lui est dû, ainsi qu'aux
frères et aux bonnes sœurs qui l'ont admirablement
secondé.

J. R.

No 3.

OBSERVATIONS de la commission administrative de l'hôpital-hospice de Niort sur la proposition de plusieurs députés et sur le projet de loi présenté par le Gouvernement à l'Assemblée nationale, concernant l'administration des établissements de bienfaisance. (Session de 1871.)

1.

L'administration hospitalière fonctionne bien, telle qu'elle est ; elle en a donné des preuves dans les malheurs de la guerre et les épidémies que nous venons d'éprouver.

Le remaniement de la législation qui régit cette matière, — si tant est que ce remaniement soit nécessaire, — n'a rien d'urgent ; et d'ailleurs, à la veille d'une nouvelle constitution, convient-il de toucher à l'organisation hospitalière, qu'il faudrait, dans tous les cas, mettre en harmonie avec le système général administratif qui résultera de cette constitution.

2.

C'est à tort que l'on attribue un caractère politique à cette administration. Elle est purement charitable ; elle admet sans distinction tous les malades et en remplit ses établissements. Les bureaux de bienfaisance, en distribuant à domicile des secours souvent insuffisants pour le grand nombre de ceux qui ont besoin d'être assistés, sont plus en contact avec la population. Mais est-ce bien là un moyen d'influence politique ? Hélas ! on l'a vu dans ces derniers temps, ce sont les hommes qui se dévouent le plus à la charité qui sont le plus en butte à l'ingratitude et à l'acharnement de ceux-là même qu'ils ont secourus.

3.

Le mélange des deux administrations (hospitalière et de bienfaisance) amènerait une confusion regrettable. D'abord, un hospice a une existence propre : il a ses biens, ses revenus, résultant de fondations charitables avec affectations spéciales. Ne serait-ce pas porter atteinte à ces dons et fondations, que de les confondre dans une même caisse avec ceux qui appartiennent aux bureaux de bienfaisance, et qui ont eux-mêmes une affectation particulière ?

Ne nuirait-on pas aussi, par cette confusion, aux dons à venir ? Tel qui veut donner à un hospice, y fonder des lits, une salle, un service spécial, ou verser une somme pour venir en aide aux charges de l'établissement, hésitera peut-être à faire une libéralité qui pourrait n'avoir d'autre résultat que de diminuer les sacrifices municipaux en faveur de tous les pauvres, frappés ou non d'infirmités ou de maladies.

Cette sorte d'assistance publique générale est une grande entreprise et une lourde charge dont il faut bien peser toutes les conséquences.

On a vainement tenté, jusqu'à ce jour, de centraliser tous les dons aux pauvres par l'institution des bureaux de bienfaisance. Il a fallu nécessairement laisser beaucoup à la charité privée, dont les ressources et les effets sont incalculables, tandis que les besoins à satisfaire par les bureaux de bienfaisance sont immenses et les ressources mises à leur disposition toujours très restreintes.

L'hospice est un établissement dont l'étendue est déter-

minée, dont la population ne peut très sensiblement
varier, dont les ressources, enfin, sont proportionnées à
cette population. L'administration a des bases certaines ;
elle sait ce qu'elle a à faire pour que l'établissement soit
prospère et que tous les services marchent convenablement. Si l'on étend cette administration au-delà de cet
être moral, déterminé et circonscrit, aux secours à distri-
buer à domicile à tous les pauvres de la commune, il n'y
a plus, à proprement parler, d'établissement ; c'est la
suppression des hospices comme êtres distincts ; ils sont,
comme nous l'avons dit, absorbés dans une assistance
publique sans bases certaines et sans limites.

Telles seraient les conséquences funestes de ce régime,
qui serait contraire à la bonne administration des établissements charitables. Quelle régularité, quelle unité
seraient possibles dans la gestion de deux services,
confiés aux mêmes mains, alors que les attributions en
sont si différentes ?

4.

Le mode de nomination des commissions administratives des hospices, mérite de sérieuses réflexions. Nous
pensons qu'il faut réserver à ces commissions une certaine
indépendance de la commune, puisque les hospices ont
une existence à part et des intérêts distincts des intérêts
généraux de la commune. Les hospices ne reçoivent pas
seulement des malades de la commune où ils sont établis ;
ils doivent recevoir certaines personnes tombant malades
dans un rayon souvent assez étendu autour de cette
commune. Ils comprennent même des services qui s'étendent à tout le département : les enfants assistés, les
aliénés, la maternité, les malades placés au compte du
département et des communes rurales.

Notre législation laisse une part assez large à l'administration municipale dans la gestion et dans le contrôle des
services hospitaliers. Le Maire est membre et président

de la commission, avec voix preponderante en cas de partage. En fait, sinon en droit, les administrateurs ne sont nommés par le Préfet que sur la présentation du Maire. Le budget et les comptes sont soumis à l'examen et à l'avis du conseil municipal.

Pourquoi recourir à l'élection des administrateurs, soit uniquement par les conseils municipaux, soit par les conseils généraux, soit enfin par l'intervention des tribunaux et du clergé ? Ces éléments uniques ou divers, suivant le mode qui serait adopté, pourraient amener, dans la composition des commissions administratives, des changements fréquents, contraires au bien et à la suite des actes de l'administration.

On verrait peut-être arriver, par le résultat des élections municipales, où (suivant le rapport de la 3ᵉ commission d'initiative parlementaire, qui nous est communiqué) *les questions politiques jouent actuellement un si grand rôle,* des hommes dont les principes, en matière politique et religieuse, apporteraient des éléments de trouble et de désorganisation dans les services des établissements dont l'administration leur serait confiée.

Autrefois, les établissements charitables étaient entre les mains des congrégations et du clergé. Aujourd'hui, la législation, qui s'est progressivement établie et perfectionnée, y a introduit l'élément civil, en lui confiant la direction et la responsabilité de l'administration ; mais l'élément religieux a une grande part dans l'administration intérieure des établissements hospitaliers. Il faut bien se garder de porter directement ou indirectement atteinte à un état de choses auquel est dû l'exercice si dévoué et si bien entendu de la charité dans nos hospices.

La nomination des commissions administratives laissée à la prudence et à la responsabilité des Préfets nous paraît la solution la plus satisfaisante.

Une autre considération commande aussi de ne pas toucher à cette organisation, surtout en ce moment. Il importe, en effet, de ne pas gêner, par une loi inopportune et prématurée, le Gouvernement, quel qu'il soit, que la France va choisir, dans sa réorganisation générale et son fonctionnement régulier. Le principe d'autorité a plutôt besoin d'être relevé qu'entravé par des innovations.

5.

S'il nous fallait descendre dans les détails du projet de loi, nous dirions que le receveur d'un hospice doit être nommé par l'autorité préfectorale, sur la proposition de la commission administrative dont il est le préposé, et qui a la responsabilité morale de sa gestion.

L'exposé des motifs du projet de loi contient une critique du *contrôle incessant de l'Etat, s'appliquant aux détails les plus minutieux et renfermant la bienfaisance dans le cercle étroit de la bureaucratie.* La loi de décentralisation a remplacé le contrôle du Ministre par celui du Préfet. Quant au reproche de bureaucratie, nulle administration n'exige plus que celle-là un compte moral et un compte de gestion détaillés. Ce n'est qu'en entrant dans les plus infimes détails des crédits et des dépenses multiples d'un hospice qu'on peut parvenir à un sage et fidèle emploi des ressources dont il dispose. L'expérience a démontré que la création des économats par l'ordonnance du 29 novembre 1831, et l'organisation de la comptabilité-matières par l'instruction du 20 novembre 1836 ont rendu d'immenses services aux établissements hospitaliers, malgré l'opposition qu'elles avaient rencontrée d'abord.

No 4.

ÉTAT des sommes dues à l'hôpital de Niort, à la fin du 4ᵉ trimestre 1870.

1° Par l'administration de la guerre. . .	57,769ᶠ 25ᶜ
2° Par le département des Deux-Sèvres.	22,296 19
3° Par le département de la Seine, pour dépenses d'aliénés.	21,536 40
4° Par le département de la Vienne, idem.	3,316 80
5° Par la ville de Niort.	920 » »
Total.	105,838 64

No 5.

*INSTRUCTION du Ministre de la guerre
pour l'organisation du service hospitalier, en arrière
des armées, à l'intérieur.*

ÉVACUATION DES MALADES ET DES BLESSÉS.

AMBULANCES PROVISOIRES.

Il est à peu près impossible aux nombreuses armées françaises qui opèrent aujourd'hui sur le territoire de la République, de choisir d'autres lignes d'opérations que les voies ferrées. Ces voies et les fleuves, à partir du point où ils se raccordent à une ligne de fer, sont donc des lignes d'évacuation nécessaires.

Mais, pour que le transport des malades et des blessés par chemin de fer devienne supportable, il importe de créer, sur les lignes, des ambulances provisoires pouvant contenir chacune mille à douze cents malades ou blessés.

Les ambulances provisoires sont des établissements dans lesquels les malades ou blessés pourront être momentanément reçus, chauffés, abrités, pansés et réconfortés.

Pour le moment, j'ai prescrit des installations de cette nature dans les gares ci-après désignées :

Rennes, Laval, Mayenne, Le Mans, Caen, Alençon, Argentan, Séez, Tours, Angers, Nantes, Poitiers, Niort, La Rochelle, Angoulème, Coutras, Libourne, Bordeaux, Bourges, Montluçon, Nevers, Moulins, Clermont-Ferrand, Mâcon, Bourg, Lyon, St-Etienne et St-Germain-des-Fossés.

A l'avenir, et sans qu'il soit besoin de nouveaux ordres, l'intendant d'une division territoriale occupée ou traversée par une armée, ou simplement placée dans un rayon de 200 kilomètres en arrière du point de concentration d'une armée, établira des ambulances provisoires dans toutes les gares principales, et, autant que possible, ces ambulances ne devront pas être éloignées l'une de l'autre de plus de 60 kilomètres.

Les intendants divisionnaires prescriront aux intendants sous leurs ordres d'organiser et d'attacher à chacun de ces établissements un personnel de médecins et d'infirmiers, un service alimentaire, un approvisionnement de médicaments et d'objets de pansement, des moyens élémentaires de couchage pour 300 à 400 hommes et des moyens de transport; le tout formant un ensemble prêt à fonctionner.

Les ambulances créées seront utilisées de la manière suivante :

L'intendant chargé, en arrière de chaque armée, corps d'armée ou division, de l'évacuation des malades ou blessés, aura pour premier devoir de prévenir l'intendant chargé de la première ambulance provisoire : 1° du nombre probable de blessés ou de malades à attendre dans la journée ou dans les journées suivantes ; 2° de la préparation de chaque train et de l'heure probable de son arrivée.

Il requerra du prévôt du corps d'armée ou de la division une force suffisante pour maintenir l'ordre dans la gare d'embarquement ; il veillera à ce que les wagons ne reçoivent que des militaires visités par les médecins et susceptibles de supporter le transport, au moins jusqu'à la première ambulance.

Le train formé, il le fera accompagner par un cadre de conduite, ou tout au moins par un sous-officier, porteur d'une feuille sommaire d'évacuation faisant connaître la destination et la composition du train.

On réunira, autant que possible, dans les mêmes voitures, les malades ou blessés ayant une même destination.

Si l'intendant chargé de l'évacuation opère dans une gare menacée par l'ennemi, il se préoccupera surtout de l'évacuer le plus promptement possible ; mais il n'oubliera jamais ses devoirs relatifs aux avis à donner à la première ambulance provisoire, et il ne fera jamais partir un train sans être accompagné comme il vient d'être dit.

L'intendant en chef d'une ambulance provisoire doit rassembler le personnel en temps utile, le diriger sur la gare en nombre proportionnel à celui des malades ou blessés annoncés, et faire procéder à tous les préparatifs nécessaires pour assurer l'alimentation, le pansement et le classement par catégories des malades ou blessés.

A l'arrivée du train, l'intendant, assisté de la force armée, fera évacuer les wagons et diriger tous les militaires sur l'ambulance provisoire.

Là, le médecin-chef désignera tous les malades ou blessés hors d'état de supporter un plus long trajet et veillera à ce qu'ils soient couchés ; il fera panser ceux qu'il jugera capables de remonter en wagon, et désignera les simulateurs et les fuyards à la force publique, qui s'en emparera.

L'intendant, ou son suppléant, veillera à ce que tous soient nourris et restaurés, fera reformer le train, et préviendra, par télégraphe, l'ambulance provisoire suivante, où les mêmes opérations seront exécutées, s'il y a lieu.

Il est recommandé aux médecins qui auront appliqué des appareils ne devant pas être levés avant plusieurs jours, de prendre des mesures pour que les médecins des ambulances provisoires suivantes soient renseignés sur les pansements faits, et ne soient pas exposés à lever inutilement ces appareils. Une carte remise au sous-officier chargé de la conduite du train pourra prévenir toute erreur et éviter des pansements inutiles et dangereux.

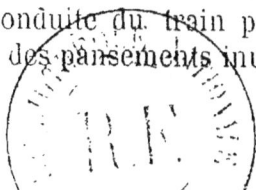

Le train parti, les grands malades et blessés seront transportés de l'ambulance provisoire dans les hôpitaux temporaires dont il va être parlé.

Les trois premières ambulances provisoires, sur une ligne, ne doivent jamais conserver que les malades et les blessés incapables de supporter un plus long trajet.

La destination définitive de chaque train est fixée par l'intendant spécialement désigné, pour ce service, par l'intendant en chef de l'armée ou du corps d'armée engagé avec l'ennemi.

L'un des devoirs de ce fonctionnaire est, en effet, de se tenir au courant des ressources hospitalières existant derrière lui. Pour cela, il se renseigne, par le télégraphe, auprès des intendants dont les divisions sont traversées par la ligne ou les lignes d'évacuation dont il se propose de faire usage ; au besoin, il fait augmenter, par les intendants divisionnaires, le nombre de places disponibles, et d'après les renseignements qu'il reçoit, il règle la destination des trains qu'il faut organiser.

De deux destinations possibles, pour un train de blessés ou de malades, l'intendant doit toujours choisir la plus éloignée. Cependant, la guerre pouvant à chaque instant amener des événements imprévus, il arrivera quelquefois que l'intendant chargé des évacuations, momentanément sans communications avec son intendant d'armée ou de corps d'armée, ignorera la situation hospitalière ; dans ce cas, il devra, avant tout, informer de ce fait l'intendant de la première ambulance provisoire, et celui-ci demeurera chargé du soin de donner une destination définitive aux trains qu'il recevra. A cet effet, ce dernier se renseignera auprès des intendants divisionnaires, dont les ressources sont placées sur les lignes d'évacuation.

HÔPITAUX TEMPORAIRES.

Les ambulances provisoires dont je viens d'ordonner l'organisation ne tarderaient pas à être encombrées si elles n'étaient entourées d'hôpitaux temporaires.

Je prescris, une fois pour toutes, à MM. les intendants divisionnaires, de créer rapidement et en dehors des ressources qui existent déjà, savoir :

1° Dans toute ville où il a été créé une ambulance provisoire, placée à un croisement de voies ferrées et environs, des établissements hospitaliers contenant de deux à trois mille lits, suivant les ressources de la ville, et un personnel suffisant prêt à fonctionner.

2° Dans toute ville où il a été créé une ambulance provisoire, son embranchement et environs, des établissements contenant de mille à deux mille lits.

3° Entre les ambulances provisoires, et dans toutes les villes de la division offrant des ressources, des hôpitaux temporaires contenant le plus de lits possible.

J'investis les intendants divisionnaires et les intendants des places où il y a lieu de créer un service hospitalier, du droit de requérir les établissements publics propres à l'installation de malades et de blessés ; ce n'est qu'à défaut de ces ressources qu'on entreprendra des constructions spéciales.

Les réquisitions seront adressées, savoir :

Par l'intermédiaire des préfets, pour les établissements d'instruct° publique ;

— — — pour les établissements religieux ;

— — — pour les propriétés privées ;

Aux chefs de gare, pour celles qui sont relatives à des locaux dans les gares.

S'il se produisait des oppositions ou des difficultés

quelconques dans l'application des mesures dont il s'agit, on me les signalerait immédiatement.

Pour le personnel des établissements à créer, les intendants divisionnaires auront pouvoir de commissionner, au titre de l'armée auxiliaire et pour la durée de la guerre, les personnes qu'ils jugeront aptes à remplir les emplois de sous-intendants, de médecins et pharmaciens-majors de 2ᵉ classe, d'aides-majors de 1ʳᵉ et de 2ᵉ classe, de comptables et de chefs infirmiers.

Ils provoqueront le concours des comités de la société de secours aux blessés militaires des armées de terre et de mer, des associations religieuses, des comités locaux, et, en cas de nécessité pressante, des particuliers.

Dans les ports de mer, ils s'adresseront aux préfets maritimes pour obtenir, dans les hôpitaux de la marine, les places disponibles.

L'intendant de chaque division, ayant créé toutes les ressources possibles, se préoccupera journellement de faire le vide autour des ambulances provisoires, et, de proche en proche, dans sa division :

1° En veillant à ce que le séjour des militaires ne se prolonge pas au-delà du temps nécessaire dans les établissements hospitaliers ;

2° En opérant des évacuations sur les divisions voisines.

Il devra donc se faire tenir exactement au courant des ressources de sa division, et se concerter périodiquement avec ses collègues voisins, afin de n'être jamais pris au dépourvu.

INSPECTION DU SERVICE HOSPITALIER.

A dater du 25 du présent mois, chaque intendant divisionnaire me fera parvenir, tous les cinq jours, une situation indiquant nominativement, et par place, les établissements hospitaliers de sa division, et, pour chacun de ces établissements :

1° Le nombre de malades et de blessés ;

2° Le nombre de places vacantes.

D'un autre côté, les fonctionnaires de l'intendance, que de nombreux travaux retiennent à leur poste, peuvent difficilement se déplacer, et la plupart des faits d'exécution d'un service aussi étendu que celui qui s'organise, s'accomplissant en dehors de leur résidence, échapperaient forcément à leur surveillance, souvent même à leur action.

Pour parer à cet inconvénient, un service spécial d'inspection sera constitué. Un arrêté prochain en fera connaître l'organisation et le mode de fonctionnement.

Je vous prie de m'accuser réception de la présente circulaire.

Bordeaux, le 25 décembre 1870.

Nº 6.

Une délibération de la commission administrative, en date du 9 décembre, contient le texte même de la lettre de remerciements adressée, le 12 août précédent, à Mme la supérieure des sœurs de l'Immaculée Conception. Nous extrayons de cette lettre, qui entre dans de longs détails d'administration, les passages suivants :

« Madame la Supérieure,

« Au moment où la variole sévissait dans notre ville,
« vous avez eu la bonne et généreuse pensée de mettre
« votre maison des Fontenelles, alors inoccupée, à la
« disposition de M. le Maire de Niort, pour y faire traiter
« les malades atteints de cette maladie contagieuse. Après
« avoir eu d'abord la pensée d'en charger MM. les
« administrateurs du bureau de bienfaisance, M. le Maire
« a confié à la commission administrative de l'hôpital-
« hospice le soin d'installer et de faire fonctionner, au
« compte de cet établissement, une ambulance aux
« Fontenelles.

« C'est à M. le Maire, surtout, qu'il appartient de vous
« exprimer les sentiments de reconnaissance qu'a dû
« inspirer à la population, l'offre spontanément faite par
« vous, de recevoir aux Fontenelles, et d'éloigner ainsi
« de la ville, des malades dont la présence à Niort pou-
« vait contribuer, dans une certaine mesure, à aggraver
« les ravages de l'épidémie.

« Quant à nous, Madame la Supérieure, nous vous
« remercions bien sincèrement du zèle et du dévouement

« qu'ont apportés dans l'administration intérieure et
« dans le soin des malades, les dames religieuses de
« l'Immaculée Conception. »........

La délibération du 9 septembre se termine par ce
témoignage de gratitude pour les fonctionnaires de
l'ambulance des Fontenelles :

« La commission veut exprimer aussi, et consigner
« sur le registre de ses délibérations, les sentiments de
« reconnaissance que lui ont inspirés, à des titres divers,
« M. le docteur de Meschinet et M. l'aumônier Bontemps,
« pour le dévouement et l'abnégation qu'ils ont apportés
« dans l'accomplissement de la mission que l'un et l'autre
« avaient courageusement acceptée.

« La commission veut aussi remercier toutes les per-
« sonnes qui ont concouru, sous sa direction, à l'établis-
« sement et à la gestion des divers services de cette
« ambulance, qui a été installée de la manière la plus
« rapide, et qui a fonctionné de la manière la plus
« régulière et la plus satisfaisante. »

Nº 7.

ALLOCUTION de M. Alphonse Frappier *à M. le docteur*
Gauné, *créé chevalier de la Légion-d'Honneur.*

« Monsieur,

« Dans une fête de famille pareille à celle qui nous
« réunit aujourd'hui, je remplissais, il y a deux ans,
« l'honorable mission de remettre à M. le docteur Fon-
« tant, notre ami commun, la croix de la Légion-d'Hon-
« neur. Vous étiez présent à cette cérémonie et vous
« n'avez pas oublié que, manifestant la satisfaction que
« j'éprouvais en présence d'un acte de justice, je me
« rendais l'écho de l'opinion publique, lorsque je faisais
« des vœux en faveur d'autres longs et distingués servi-
« ces. Vous ne vous êtes pas mépris sur le sens de mes
« paroles, et j'en trouve la preuve dans cette gracieuseté
« avec laquelle vous m'avez appelé à l'honneur de vous
« faire chevalier. Je suis heureux, Monsieur, de ce sou-
« venir. Permettez-moi de vous en remercier cordiale-
« ment.

« Depuis le jour où vous êtes venu à l'hôpital exercer
« vos dignes fonctions, vous n'avez cessé de donner des
« témoignages de cette aptitude, de cette charité dont
« nos concitoyens, et surtout les malheureux, avaient
« ressenti les effets en dehors de cette enceinte. Il s'est
« écoulé bien des années ; et vous avez assisté comme
« nous à la transformation de ce vaste établissement. Si
« donc il nous est permis d'entrevoir sa prospérité

« future, l'administration qui le dirige ne peut se dissi-
« muler que le corps médical lui a prêté un bienveillant
« concours.

« Recevez, Monsieur, cette décoration dont vous devez
« être fier, parce qu'elle est le prix de services dont vous
« avez, par votre dévouement, rehaussé le mérite dans
« ces jours de détresse que la France pleure encore.
« Soyez persuadé qu'elle sera saluée avec respect, car
« elle vient se placer sur un cœur dont la bonté ne se
« démentira jamais.

« En vertu des pouvoirs que nous avons reçus, nous
« vous faisons chevalier de l'ordre national de la Légion-
« d'Honneur. »

Nº 8.

Dans sa délibération du 26 août 1871, concernant la nomination de M. l'abbé Bontemps aux fonctions de second aumônier de l'hôpital de Niort, la commission a consigné ce témoignage de remerciements :

« La commission remercie MM. les vicaires de Notre-
« Dame qui ont successivement rempli les fonctions
« d'aumônier-adjoint, et au moment où ces fonctions vont
« cesser, elle leur exprime ses sentiments de profonde
« gratitude pour le zèle et le dévouement que ces mes-
« sieurs ont apportés dans l'accomplissement de leur
« mission qui, souvent, et dans ces derniers temps sur-
« tout, a été pénible et même périlleuse. »

No 9.

Le service médical des ambulances de la société de
secours aux blessés et des ambulances particulières, dans
la ville de Niort, était ainsi divisé :

Ambulance du bureau de bienfaisance, rue Yvers,	MM. les docteurs Tonnet et Gouriet.
— de la maison Giraudeau, rue du Petit-Banc,	Les mêmes.
— de la maison Delavault, rue Saint-André,	M. le docteur Bodeau.
— de l'orphelinat du Port.	M. le docteur Eymer.
— du pensionnat des frères de la Doctrine chrétienne, administrée p⁰ⁿ un comité de la garde nationale,	MM. les docteurs Rouland et Jubin.
— du pensionnat des pères oblats, rue Basse,	M. Gouriet.
— de la maison des petites sœurs des pauvres,	M. Dépierris.
— du couvent des dames Carmélites,	MM. Bazire et Gouriet.
— des dames du Sacré-Cœur de Jésus,	M. Bazire.
— de la prison,	MM. Bazire et Chebrou.
— de la maison Chebrou, route de Paris, au compte de la loge maçonnique de Niort,	M. Chebrou.

| Ambulance provisoire et de passage, établie à la gare , | MM. les docteurs Largeaud et Bodeau. |

La plupart de ces ambulances étaient administrées par la société de secours aux blessés ou lui étaient affiliées.

M. Maxime Tonnet, jeune étudiant en médecine, fils de M. le docteur Tonnet , a utilisé ses services avec un zèle et une assiduité des plus louables , à l'hôpital-hospice et dans plusieurs ambulances de la ville. Il a trouvé là de dignes exemples, et le meilleur enseignement médical , celui de l'observation et de la pratique.

Un nom estimé et aimé de tous , bien connu des malheureux, manque parmi ceux que nous venons de citer : c'est celui du docteur PAUL TONDUT , médecin des épidémies du département et de la société de secours mutuels de Niort, membre du comité d'inspection de la bibliothèque. Il était aussi, je tiens particulièrement à le rappeler, délégué cantonal de l'instruction primaire et membre honoraire de la société de secours mutuels des instituteurs.

Au début de la guerre, cet homme de cœur avait quitté son jeune enfant, hélas ! déjà privé de sa mère, sa famille, aux soins de laquelle il le laissait, et sa ville d'adoption , où il s'était montré si bienfaisant et si utile , pour aller prendre une part active à la campagne de 1870.

Il s'était engagé volontairement pour la durée de la guerre , et avait été nommé aussitôt chirurgien-major, à titre auxiliaire, dans l'armée du Nord. Le docteur Tondut se trouvait dans la citadelle d'Amiens, en qualité de médecin en chef, lorsqu'elle fut assiégée par le général von Gœben. C'est lui qui eut le douloureux honneur de fermer les yeux du brave commandant Vogel, tué le 29 novembre 1870, sur les murs de cette citadelle qu'il avait refusé de rendre à l'ennemi, et de prononcer son éloge funèbre.

Le docteur Tondut, épuisé par des fatigues au-dessus de ses forces, est mort presque subitement, le 1er août

1871, à l'âge de 39 ans. Il avait été proposé au ministre de la guerre pour la décoration de la Légion-d'Honneur, par le chirurgien en chef de l'armée du Nord. M. le docteur de Meschinet a rendu à sa mémoire l'hommage qui lui était dû ; ses amis, ses confrères, ses concitoyens, gardent de lui un profond et affectueux souvenir.

Nous devons aussi déplorer la perte d'un jeune docteur de Mauzé, M. Edouard Festy, qui avait eu, comme médecin civil, les plus heureux débuts. L'une des premières pages de ces mémoires contient le récit de la mort héroïque de M. Emile Moreau, de Châtillon, aide-major du 3ᵉ bataillon des gardes mobiles des Deux-Sèvres, auquel nous avons donné, par erreur, le prénom d'*Ernest*. M. Festy, aide-major dans le 4ᵉ bataillon du même régiment, a, par une sorte de fatalité, éprouvé le même sort, en soignant des blessés dans une ambulance de l'armée de la Loire, non loin de Vendôme, près du bourg et de la forêt de Fretteval.

Il est mort, le 6 janvier 1871, frappé en pleine poitrine par une balle égarée, perdue, — nous dit-on...... — Ah ! les projectiles prussiens se sont souvent *égarés* dans nos ambulances et jusque sur les brancardiers qui relevaient, après le combat, les morts et les mourants ; et la balle qui vient percer un cœur généreux et jeter le deuil dans une famille, n'est pas, hélas ! une balle perdue pour l'ennemi.

Le corps médical de notre département a donc payé son tribut aux malheurs de la guerre, par ses services aussi utiles que désintéressés et par les pertes douloureuses qu'il a éprouvées : Honneur lui en soit rendu !

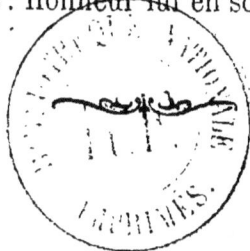

Niort. — Typographie de L. FAVRE.

www.ingramcontent.com/pod-product-compliance
Lightning Source LLC
Chambersburg PA
CBHW052034270326
41931CB00012B/2489